SANDRA Semchuk

Musée canadien de la photographie contemporaine
Une filiale du Musée des beaux-arts du Canada

Canadian Museum of Contemporary Photography
An affiliate of the National Gallery of Canada

ERRATUM

e n t r e   i d e n t i t é
et
r e c o n n a i s s a n c e

Le travail photographique que réalise Sandra Semchuk depuis 1972 est marqué au sceau de l'identité et de la reconnaissance. Ces deux concepts, auxquels font appel une large part de la création contemporaine, éveillent chez Semchuk des résonances particulières. Sa quête présente une analogie frappante avec celle élaborée par le philosophe canadien Charles Taylor dans son essai intitulé *La politique de reconnaissance*[1].

Dans cette perspective, l'identité «désigne quelque chose qui ressemble à la perception que les gens ont d'eux-mêmes et des caractéristiques fondamentales qui les définissent comme êtres humains[2]. » Cette manière originale d'établir un contact intime avec son être profond se structure et s'exprime dans un langage, à la fois langue de la communication courante et «modes d'expression par lesquels nous nous définissons nous-mêmes, y compris les *langages* de l'art, de la gestuelle, de l'amour, etc[3]. »

Qui dit langage, suppose dialogue avec ses semblables. C'est ici qu'apparaît une dimension fondamentale de l'identité : la reconnaissance. «Ma découverte de ma propre identité ne signifie pas que je l'élabore dans l'isolement, mais que je la négocie par le dialogue, partiellement extérieur, partiellement intérieur, avec d'autres. C'est la raison pour laquelle le développement d'un idéal d'identité engendré intérieurement donne une importance nouvelle à la reconnaissance. Ma propre identité dépend vitalement de mes relations dialogiques avec les autres[4]. »

---

[1] Charles Taylor, «La politique de reconnaissance », dans Charles Taylor *et al.*, *Multiculturalisme—Différence et démocratie*, Paris, Aubier, 1994. [2] *Ibid.*, p. 41. [3] *Ibid.*, p. 50. [4] *Ibid.*, p. 52.

Grâce à ce tissu complexe de relations, l'identité personnelle se forge, s'affirme comme manière unique d'être et reçoit sa confirmation de la reconnaissance. «Chaque conscience recherche la reconnaissance dans une autre conscience[5].» Tel est l'élan de Sandra Semchuk.

La photographe fait ses premières armes par un documentaire sur Meadow Lake, la petite ville de Saskatchewan où elle est née en 1948. Les photographies qu'elle y réalise de 1972 à 1975 décrivent les lieux et les personnes — le milieu — qui ont marqué son enfance. Vastes champs cultivés, jalonnés de silos à grains et de rares arbres. Au loin, le dôme en forme d'oignon d'une église ukrainienne. Casse-croûte, magasin général, centre communautaire, autant de points d'ancrage des activités sociales. Intérieurs ordonnés et dépouillés où se joue une intimité à l'écart de la vie commune. Semchuk s'approche des gens, les rencontre sur leur terrain familier, interroge les visages pour retrouver les attitudes auxquelles elle s'est identifiée une première fois.

En 1975, sitôt terminée l'intériorisation du paysage social de ses origines, Semchuk entreprend une chronique de sa vie de femme au sein d'une famille que réunit autant les liens du sang que ceux de l'affection et de l'amitié. D'observatrice de son passé, elle participe désormais au déroulement de sa propre histoire. Entre ses mains, l'appareil photo devient l'un des protagonistes des événements de sa vie personnelle.

[traduction] *Je suis passée devant l'objectif et suis devenue actrice. L'appareil installé sur un trépied, je me suis photographiée seule, ou en relation avec ma famille ou des amis, suivant des plans fixes; plan serré, plan d'ensemble et vue panoramique[6].*

Dans un premier temps, Semchuk examine ses rapports avec sa parenté : grand-mère, père, mère, frère, sœur, neveux, nièces, mari, fille. Bon nombre

[5] *Ibid.*, p. 70. [6] Sandra Semchuk, *Toward Real Change: My Photographic Work Done in Saskatchewan from 1972–1982 and New Mexico from 1982–1983*, thèse de maîtrise, Université du Nouveau-Mexique, Albuquerque, Nouveau-Mexique, août 1983, p. 7.

de ces instantanés rappellent l'album de famille par leur volonté de commémorer les rituels de la vie commune — fêtes, rencontres, anniversaires, mariages — en des annales familiales où chacun trouve confirmation de ses souvenirs. Ces paysages intimes abondent de signes qui mettent en lumière les interrelations : manifestations d'affection, échanges de regards complices, abandon au plaisir du jeu de l'enfant. Dans ces instantanés touffus, Semchuk procède à une mise en scène spontanée des liens qui l'unissent à ses proches et célèbre l'espace domestique où se déroulent ces rituels.

Dans une autre série de portraits, Semchuk explore explicitement et délibérément ses rapports avec ses intimes. Ces portraits réalisés avec la collaboration de son père et de sa mère, de son mari Richard et de leur fille Rowenna, vont droit à l'essentiel : une attitude, un geste, un visage et son expression. Rien ne s'interpose entre l'intensité du moment et la densité de sa représentation. L'appareil s'efface, cadre les visages au plus près, le noir et blanc impose sa pureté, les repères spatiotemporels sont relégués horschamp pour laisser libre cours à la présence et à la transparence des êtres. Pour Semchuk, c'est une façon de se situer, sans détour, sans fard, par rapport aux personnes qui comptent pour elle et font partie intégrante de sa vie.

Une série d'autoportraits complète cet ensemble. Semchuk utilise la photographie comme un miroir dans lequel elle se regarde sans complaisance pour sonder son intériorité, instaurer l'intimité avec son être profond et prendre conscience du désir qui façonne ses rapports avec autrui. Le dépouillement de ces images est encore plus grand. Le visage est paysage intime, surface où affleurent humeurs et émotions. Semchuk s'offre à l'œil impitoyable de l'appareil photo qui enregistre ces moments de révélation et de présence à elle-même, où l'intérieur et l'extérieur ne font qu'un. Cette suite d'images intenses confirme l'identité, la fidélité à soi-même à travers le vieillissement du corps, les modes vestimentaires, les doutes, les joies et les peines, les amours et les vicissitudes de l'existence.

Silences/Paroles dénoue cet écheveau d'expériences et de sentiments qui assurent, dans le changement, la continuité personnelle et l'insère dans l'histoire collective. Cette fresque monumentale, réalisée en 1991, regroupe 77 des autoportraits produits entre 1976 et 1981, ainsi qu'un vidéogramme.

L'image vidéo, bleutée et mouvante, sertie dans l'une des rangées de photographies, montre une Semchuk qui, cadrée comme dans les autoportraits, récite l'histoire de quatre générations de femmes de sa famille. Le ton grave de l'artiste, son débit lent comme une mélopée, l'expression de son visage où se lisent les émotions, le grain de sa voix comme la signature indélébile, intime et unique de l'individu, trament un récit où s'entrelacent identité personnelle et appartenance à la lignée. Tour à tour, Semchuk évoque un dernier geste d'intimité silencieuse avec sa grand-mère Baba, célèbre la domesticité de sa mère Josephine, rappelle sa connivence avec sa fille Rowenna dans l'invention de rituels, pour finalement s'inscrire elle-même dans la lignée. Pour Semchuk, ce récit est un moyen d'articuler son expérience personnelle et de l'insérer dans la tradition orale par laquelle les générations se transmettent histoire, coutumes et sagesse.

Deux voies se proposent à Semchuk après cette longue période d'introspection. Le militantisme féministe aurait pu devenir la pierre angulaire de sa création, mais elle opte plutôt pour l'aventure de son paysage intérieur. De même qu'elle avait forgé un vocabulaire plastique pour regagner le territoire de ses origines, scruter l'horizon familial et baliser son jardin secret, ses études de deuxième cycle en photographie à l'Université du Nouveau-Mexique en 1982–1983 vont la mener à s'immerger dans son intériorité et à renouveler son langage pour la traduire.

[traduction] *Les nouvelles séquences photographiques entreprises ici au Nouveau-Mexique articulent le désir tout en le comblant. [. . .] La synchronicité est le principe organisateur de chaque geste, de chaque mouvement hors du flou (mouvements d'états de conscience), de chaque rupture formelle . . . Pendant que je photographie,*

Baba, Uncle Ed and Dad
Meadow Lake, Saskatchewan, March 1977

« Baba, oncle Ed et papa »
Meadow Lake (Saskatchewan), mars 1977

Self-portrait, the day I said good-bye to Baba
Meadow Lake, Saskatchewan, April 1977

« Autoportrait le jour où j'ai dit adieu à Baba »
Meadow Lake (Saskatchewan), avril 1977

Mrs. Malowski, Rowenna and I
Prince Albert, Saskatchewan, February 1979

« Madame Malowski, Rowenna et moi »
Prince Albert (Saskatchewan), février 1979

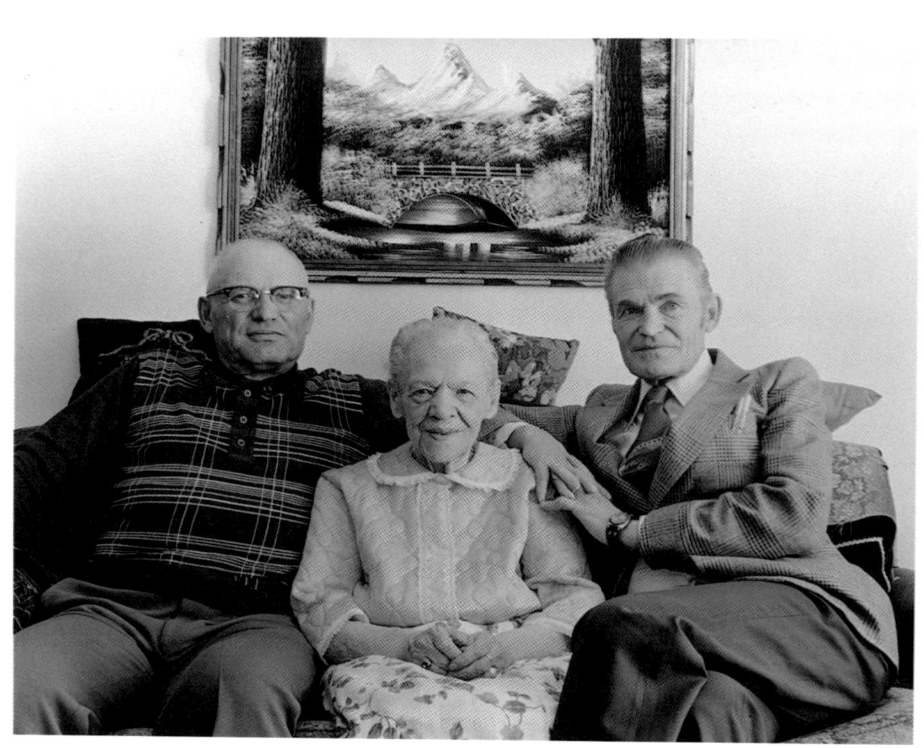

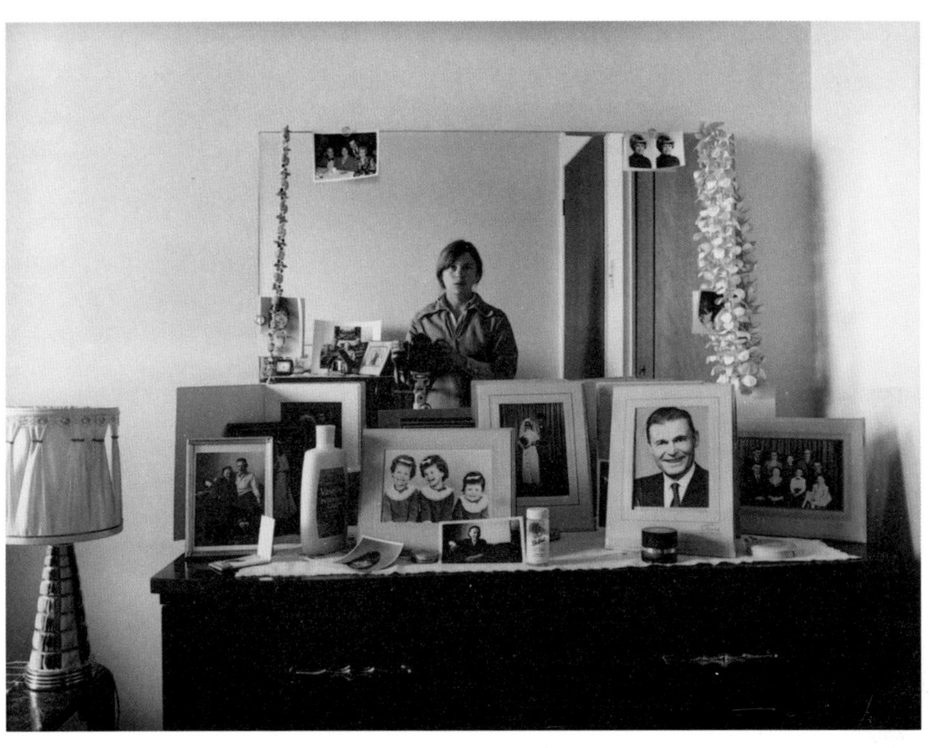

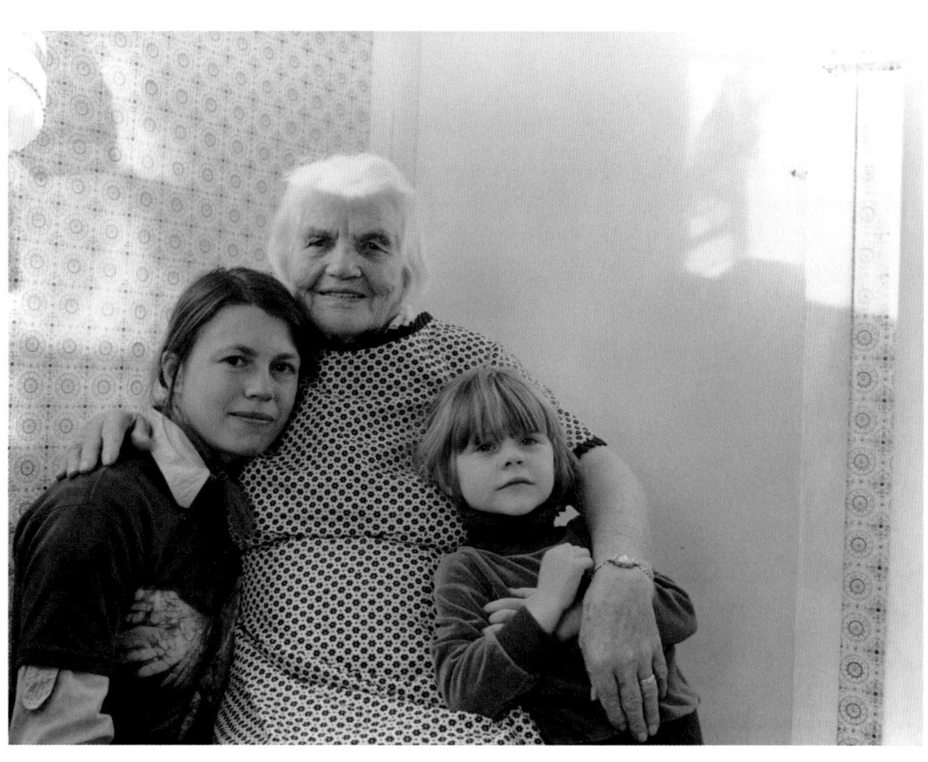

j'avance sans cesse de nouvelles propositions, afin d'éviter les pièges de ma vision . . . Dans le désert, je trouve de l'eau à photographier et des arbres, des balançoires, des cordes, des rochers, des montagnes — des ensembles de formes auxquels je peux donner un sens, que je peux mettre en scène en de petits rituels exauçant des désirs . . . La chance est la synchronicité concrète — l'expérience multiforme de l'esprit lorsque l'abandon permet d'échapper aux limites d'une seule personnalité. La parole en plusieurs langues surgit de la grande marmite que nous partageons tous : le chaos. Fondée sur l'existence simultanée de tous les temps et lieux, cette marmite est ahistorique [7].

Semchuk poursuit son voyage au plus près d'elle-même en prenant pour guide le désir, cette énergie qui imprime son mouvement aux sorties hors de soi et modèle les rapports humains. Semchuk s'ouvre à cette spontanéité de l'être et se tient sur l'ondoyante ligne de jonction de l'âme et du corps. Les performances intimes auxquelles elle se livre donnent lieu à des moments de plénitude où intellect, imagination, sensibilité et instinct sont parfaitement intégrés. Dans ces moments de transparence à elle-même et aux autres, l'artiste épouse les déplacements de ses sujets, fait corps avec l'instant, se livre entièrement à ce qu'elle appelle des « rituels spontanés ».

Semchuk adopte un vocabulaire gestuel qui transcrit instantanément le mouvement intérieur. L'appareil photo est une extension de ses sens, une machine à recueillir les perceptions dans la fluidité de l'instant. Cette écriture automatique fractionne le moment en un foisonnement d'impressions colorées et floues pour ensuite le recomposer en un groupe cohérent qui traduira cette manière unique d'être au monde. La couleur saturée au maximum vibre sur la surface glacée des épreuves Cibachrome. Les traînées lumineuses évoquent la présence des objets plutôt que leurs contours et leur matérialité. Tourbillon de formes et de couleurs, le mouvement brise le cadre rigide de l'image qui veut endiguer cette marée sensuelle.

e t
reconnaissance

[7] *Ibid.*, p. 16—17.

13

Le jardin de Baba est exemplaire de la méthode. Appareil photo au poing, Semchuk explore un jardin qui se transforme en un vertige coloré. Moment de découverte et d'extase qui fait éclater les frontières communément acceptées entre le monde et soi, et où deux natures se fondent l'une dans l'autre.

Cette fusion de la personne et des forces naturelles est au cœur de *Auto-portrait à l'île Galiano*. Dans cette mosaïque de 41 images groupées en un motif irrégulier, Semchuk évoque les éléments, tels que les concevaient les Anciens. Les deux rangées d'images situées au haut de la composition montrent un magma de terre et d'eau aux dominantes bleutées. Les deux rangées suivantes saisissent le mouvement de flammes rougeoyantes dans les ténèbres. Les trois dernières rangées baignées de lumière dorée montrent Semchuk effleurer le roc de la main. En conclusion, son visage, radieux, apaisé. Toute cette pièce est passage : de la fluidité de l'eau à la mouvance du feu, de la solidité du roc à la subtilité de l'air, de la pénombre à l'obscurité, à l'éclat du grand jour.

À l'image des éléments qui se succèdent en cascade, le moi se fait, se défait, se refait sous nos yeux, sans interruption. Dans ce tourbillon, le visage de l'artiste, stable et précis, apparaît comme repère. À cet égard, la formule de Michel Foucault, « les identités se définissent par des trajectoires[8] », décrirait particulièrement bien cette étape du travail de Semchuk. Le moi n'est pas ce noyau dur qui détermine la personne de toute éternité, mais bien plutôt un bagage à la fois personnel et collectif en mutation constante, une manière singulière de faire corps avec le changement qui traverse l'univers.

Regarder mon père voir venir sa mort se situe au cœur de cette problématique du passage. En neuf photographies déployées en ligne droite, Semchuk saisit la précarité de l'existence de tout être humain, particulièrement des êtres chers. Ce moment d'intimité entre le père et la fille amorce un long exercice

[8] Michel Foucault, « Pour une morale de l'inconfort », *Le Nouvel Observateur*, 23 avril 1970, p. 83.

pour exorciser la peur de la mort et arriver à l'acceptation d'un événement inscrit dans l'ordre des choses, terme naturel du processus vital.

De protagoniste quasi omniprésent dans les portraits de famille et les auto-portraits en collaboration, Martin Semchuk devient collaborateur à part entière de cette démarche essentielle d'accomplissement de soi. L'art devient un moyen d'entretenir ce dialogue amorcé à la naissance.

[traduction] *Nous avons travaillé ensemble toute notre vie ou presque. Alors pour nous, c'est quelque chose de très naturel et de très normal dont il est très difficile de parler. C'est notre façon d'être*[9].

Aboutissement actuel de leur collaboration, l'œuvre *Des vieux, des animaux et des Indiens* est enrichie de la participation de James Nicholas, le conjoint de Semchuk. Ce qui retient en premier lieu l'attention dans cette installation en quatre parties, c'est la richesse des matériaux, photographies, textes, vidéogrammes, tissu, métal, et la complexité des thèmes — refus de l'ordre établi qui fige les identités, métamorphoses des personnes pour s'inscrire dans le cours de l'histoire et retrouver la pierre de touche qu'est la sagesse millénaire.

La première partie, qui donne son titre à toute l'installation, est composée de trois vidéogrammes présentés en parallèle. Sur le premier, le père parle, en contre-jour devant une fenêtre, de ce que fut sa vie et du sort réservé aux personnes âgées. Le deuxième suit l'approche d'un ours. Le troisième est composé d'un lent panoramique sur une montagne alors que la voix de James Nicholas évoque en langue cree les forces spirituelles à l'œuvre dans la nature.

La deuxième partie s'intitule *Ma chérie, c'est naturel de mourir*. Seize photo-graphies en noir et blanc, virées au sélénium, sont disposées en grille. Elles montrent Martin Semchuk vaquant à son quotidien

---

[9] Martin Semchuk en entrevue avec Sandra Semchuk, vidéogramme inédit, 1994.

au fil de l'été, actif, maître de lui-même et de sa destinée. Images d'une personne âgée, lucide et autonome, refusant de se soumettre à l'idée acceptée du vieillard qui, son temps accompli, attend patiemment, en marge de la vie, la disparition. Trois pièces de toile présentent un bref échange entre le père et la fille.

Sur la première :
[traduction] *Ma chérie, c'est naturel de mourir.*

Sur la dernière :
[traduction] *Papa, tu vas me manquer* [10].

Entre les deux, le blanc du silence. Du constat de l'inéluctabilité de la mort à la fatalité de la perte, la parole côtoie le vide.

La troisième partie s'intitule *L'étreinte de la mort*. Elle est composée de trois grandes plaques de cuivre sur lesquelles sont sérigraphiées des images d'un ours immergé dans l'eau. En accompagnement, un texte imprimé sur une toile dénonce l'homme blanc qui a reporté sa peur pathologique de la mort sur l'ours rebelle à la domestication, de la même façon qu'il a marginalisé les Autochtones et colonisé leurs terres ancestrales. Dans la deuxième partie du texte tiré d'une conversation avec son père, Semchuk constate son propre exil des traditions et de la langue de ses ancêtres ukrainiens et reconnaît la pérennité de l'échange entre elle et son père.

La quatrième partie qui s'intitule *Changer de peau* est composée de 36 photographies noir et blanc, disposées en grille et accompagnées d'un texte imprimé sur une toile. Dans cette section, James Nicholas prend la parole. Son texte dresse l'acte d'accusation du pouvoir blanc venu domestiquer la nature et la vie sauvage.

[traduction] *La robe noire m'a sauté à la gorge pour m'arracher les griffes d'ours du torse alors que sa maîtresse me nouait autour du cou l'écharpe de la tyrannie britannique.*

[10] Textes de Martin Semchuk et Sandra Semchuk, extraits de l'œuvre *Ma chérie, c'est naturel de mourir*, Vancouver, 1994.

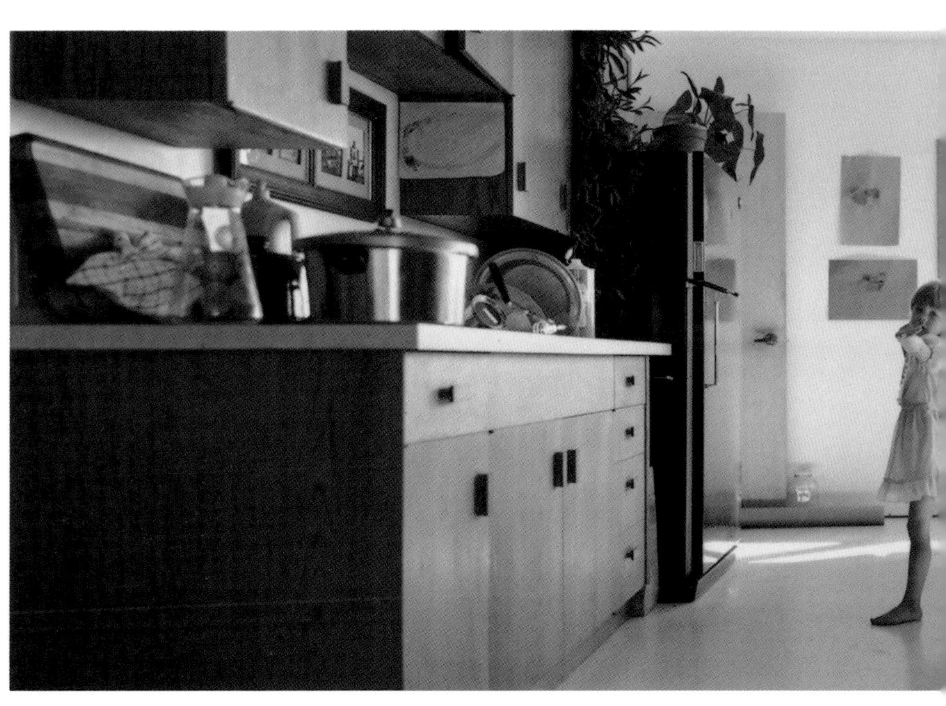

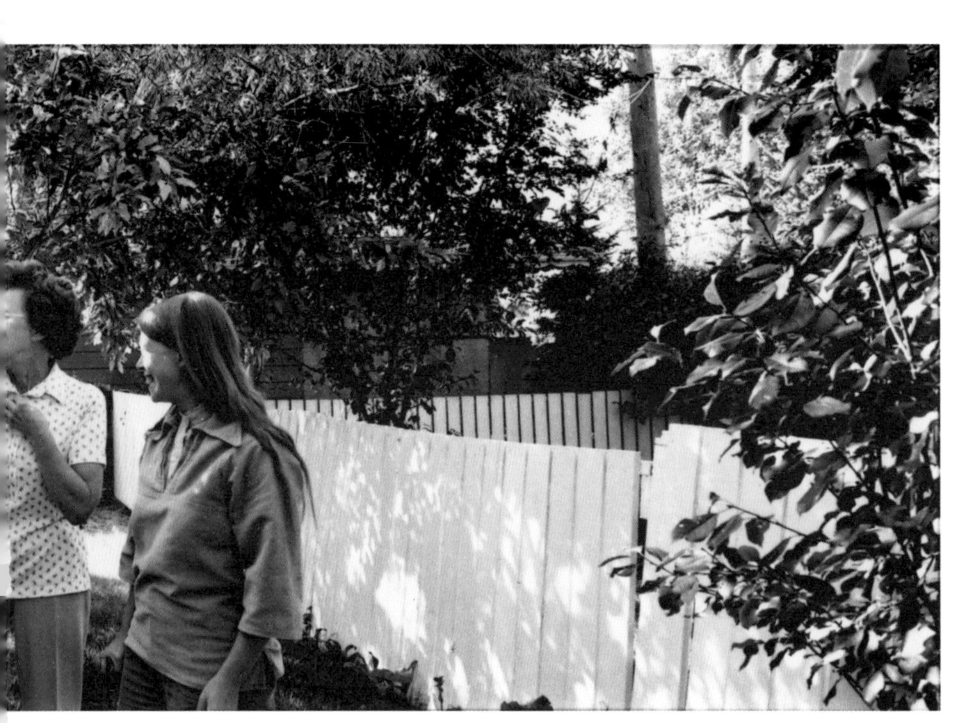

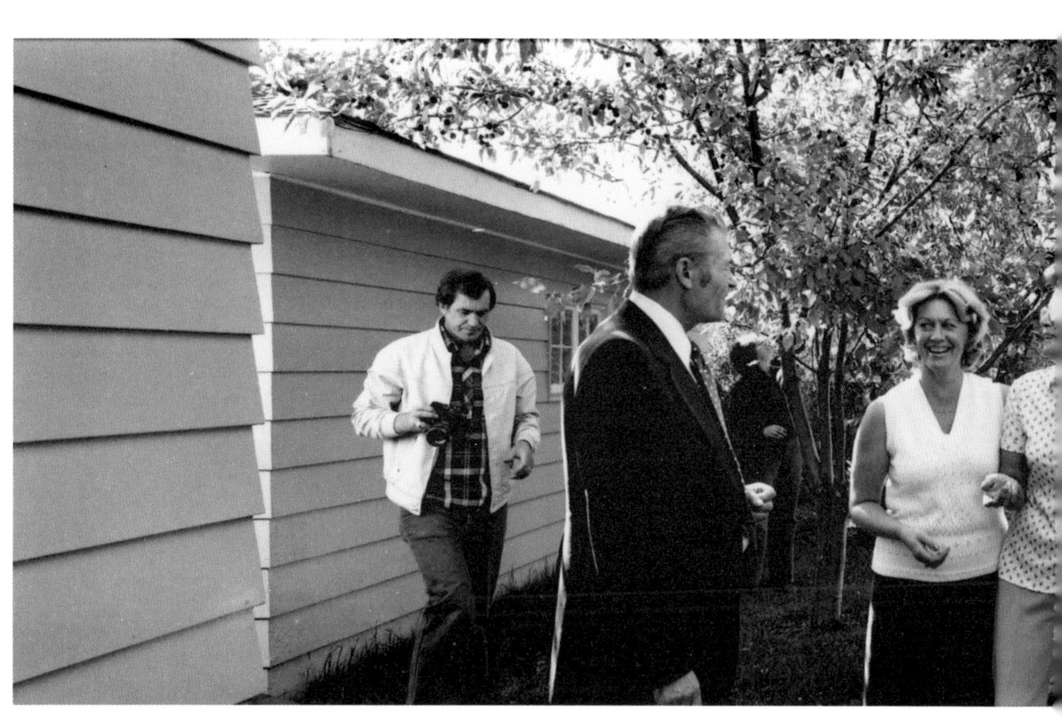

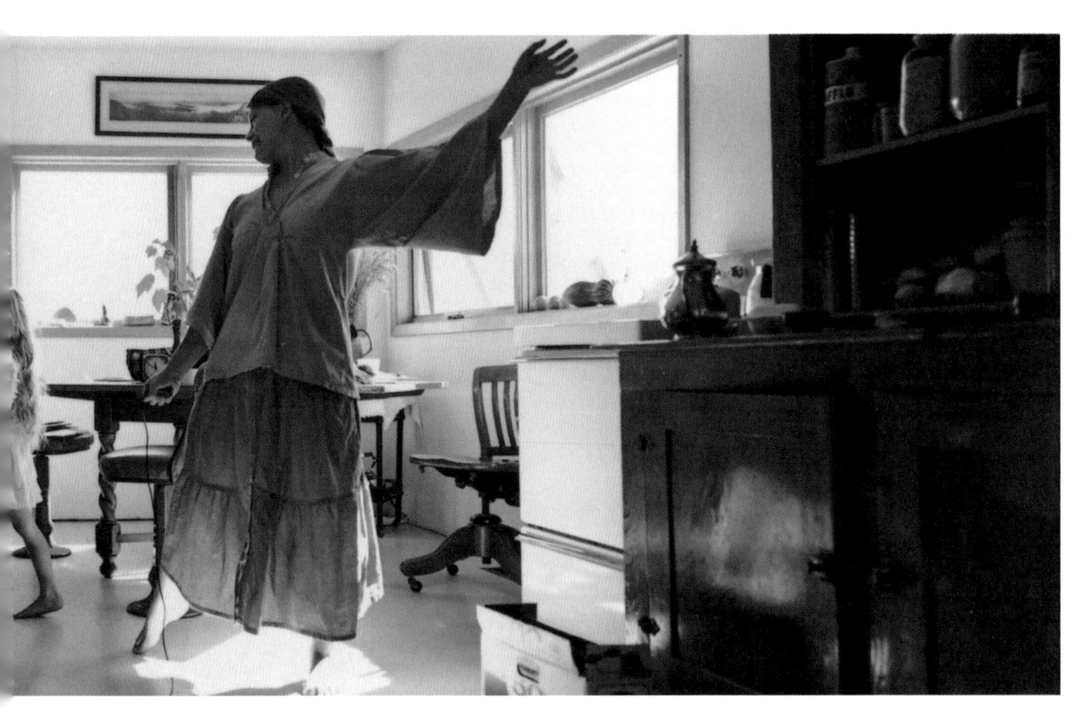

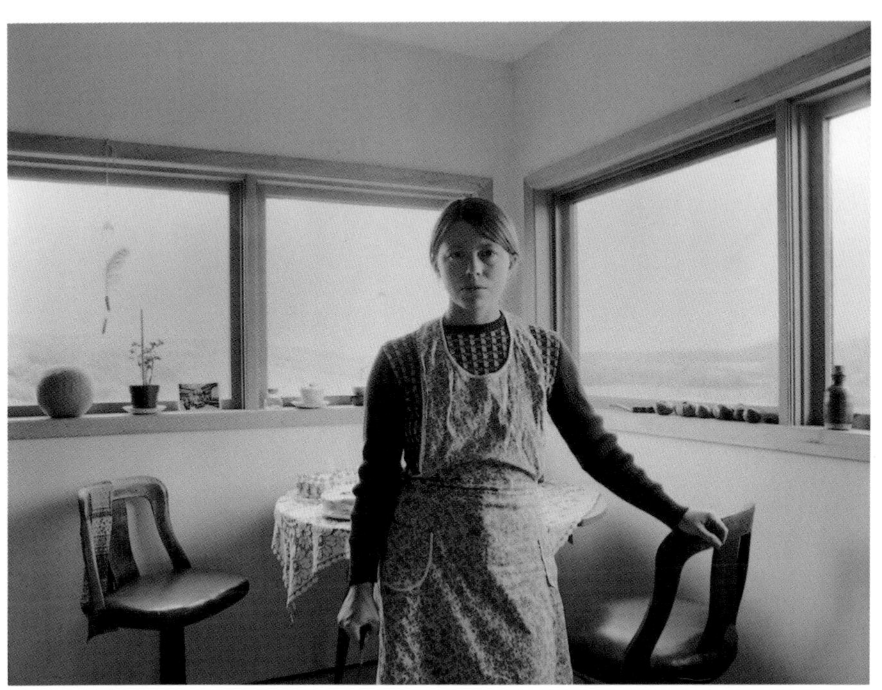

Co-operative self-portrait: Mom, Dad, brother David, sister Carol,
sister-in-law Connie and I
Regina, Saskatchewan, September 1979

« Autoportrait en collaboration : maman, papa, mon frère David,
ma sœur Carol, ma belle-sœur Connie et moi »
Regina (Saskatchewan), septembre 1979

Co-operative self-portrait: Rowenna and I
RR 6, Saskatoon, Saskatchewan, June 1979

« Autoportrait en collaboration : Rowenna et moi »
R.R. n° 6, Saskatoon (Saskatchewan), juin 1979

Self-portrait with Baba's apron on, Rowenna's 4th birthday
Saskatoon, Saskatchewan, October 1978

« Autoportrait revêtue du tablier de Baba,
lors du 4ᵉ anniversaire de Rowenna »
Saskatoon (Saskatchewan), octobre 1978

Revêtu des plus beaux habits de peaux de mouton et de la broderie écarlate de l'autorité coloniale, j'étais de garde à la tour d'ivoire de la politesse alors que le gouvernement volait tous les dieux et les cachait dans le sanctuaire de sa propre terreur[11].

Les images nous montrent Nicholas se dépouiller de ses vêtements de ville pour se parer des ornements traditionnels et écorcher un ours. Cette partie de l'installation est une métaphore des passages que doit emprunter une personne pour renouer avec les usages anciens de son peuple. Nicholas fait sienne une manière ancestrale d'être au monde par la parole et le geste en accord avec les forces naturelles. Par ce rituel, il actualise un savoir dont l'origine se perd dans la nuit des mythes fondateurs mais qui, pourtant, s'est transmis de génération en génération jusqu'à aujourd'hui. Ce faisant, l'individu se dépasse pour devenir un maillon dans la chaîne ininterrompue des valeurs et croyances qui assurent la pérennité des cultures.

Durant les deux dernières décennies, Sandra Semchuk a exploré ses origines et travaillé, au moyen d'un vocabulaire photographique frotté à divers médias, à s'ériger une identité riche d'expériences et du dialogue avec ses proches. Tout au long de ce parcours, se tiennent en filigrane ses origines ukrainiennes et polonaises qu'elle évoque à plusieurs reprises et qui pourraient, peut-être, orienter son travail à venir. Cette maison qu'elle s'est employée à construire pourrait bien trouver ses assises dans le monde slave de ses ancêtres. Sa quête pourrait trouver son dénouement dans ce dialogue entre elle et son père —texte brodé par une Ukrainienne selon les motifs traditionnels —qui sert de toile de fond à *Les Ukrainiens votent en faveur de l'indépendance*.

[traduction] *La voix du père*
Pour moi, une famille est pareille à une petite nation. Quand mon grand-père André a quitté l'Ukraine pour le Canada, il portait en lui la douleur

[11] Texte de James Nicholas, extraits de l'œuvre *Changer de peau*, Prince-Rupert—Vancouver, 1994.

et la souffrance liées aux décennies de guerres brutales menées sur la riche terre fertile d'Ukraine; à l'esclavage imposé par les seigneurs. Il a emporté son histoire. [. . .]

La voix de la fille
Papa, tu m'as appris qu'un foyer est un lieu où s'exerce le choix. Pour le peuple ukrainien, l'Ukraine n'est pas un foyer depuis plusieurs générations. Ils ont été des exilés sur leur propre terre. Comme canadienne d'ascendance ukrainienne, je porte ce sentiment d'exil que mes grands-parents et toi m'avez transmis. Pour moi, la liberté du peuple ukrainien, son indépendance, est une affirmation du droit à un foyer et du droit d'y prendre les décisions. Les frontières définissent le territoire (à la fois intérieur et extérieur) que nous appelons foyer. L'amour est la reconnaissance et le respect du foyer d'une autre personne, d'un autre peuple ou d'une autre nation[12].

[12] Textes de Martin Semchuk et Sandra Semchuk, extraits de l'œuvre *Les Ukrainiens votent en faveur de l'indépendance*, 1990.

Mute / Voice
Saskatoon–Vancouver, 1976–1991

«Silences / Paroles»
Saskatoon–Vancouver, 1976–1991

Self-portrait, Galiano Island
British Columbia, 1988

«Autoportrait à l'île Galiano»
(Colombie-Britannique), 1988

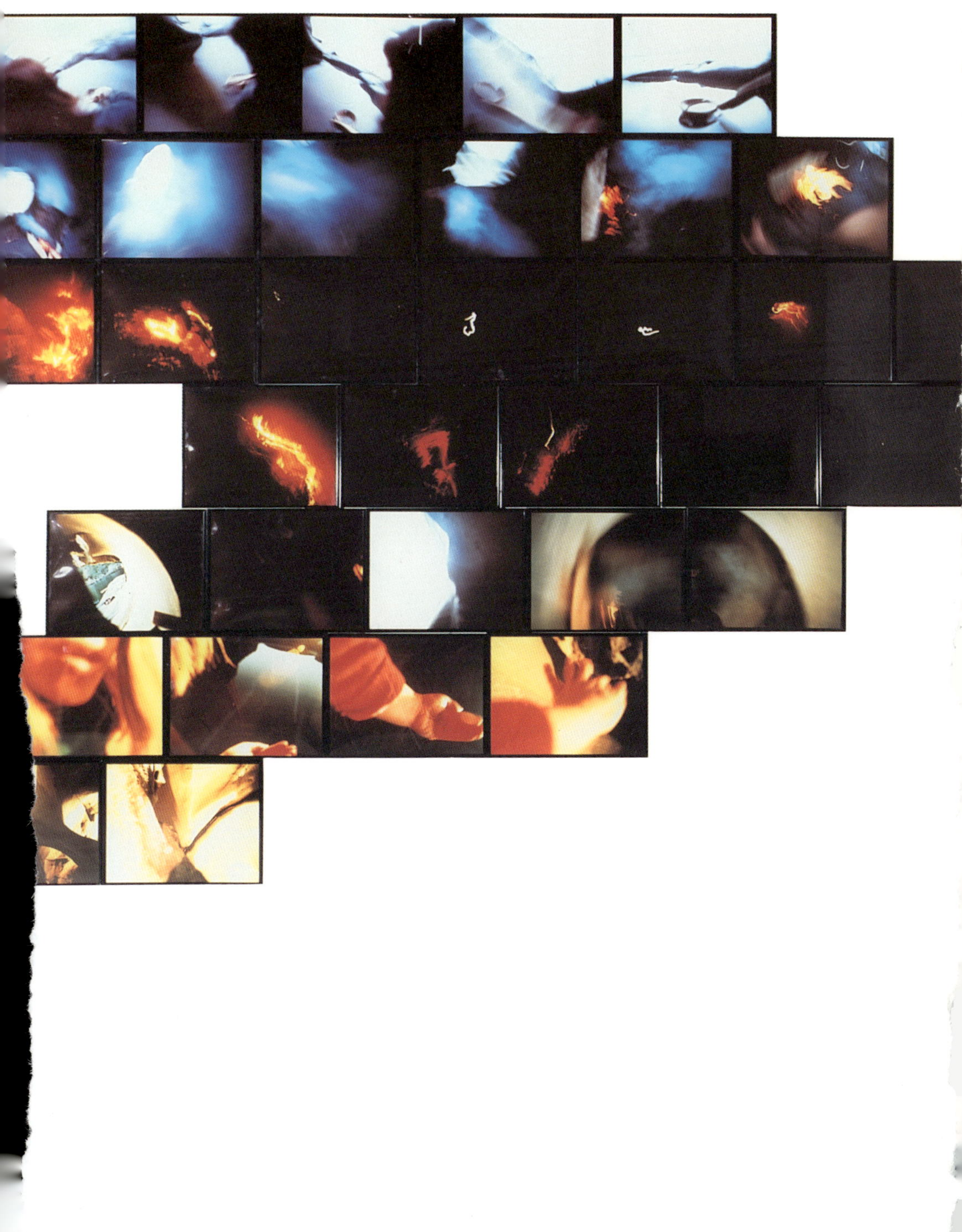

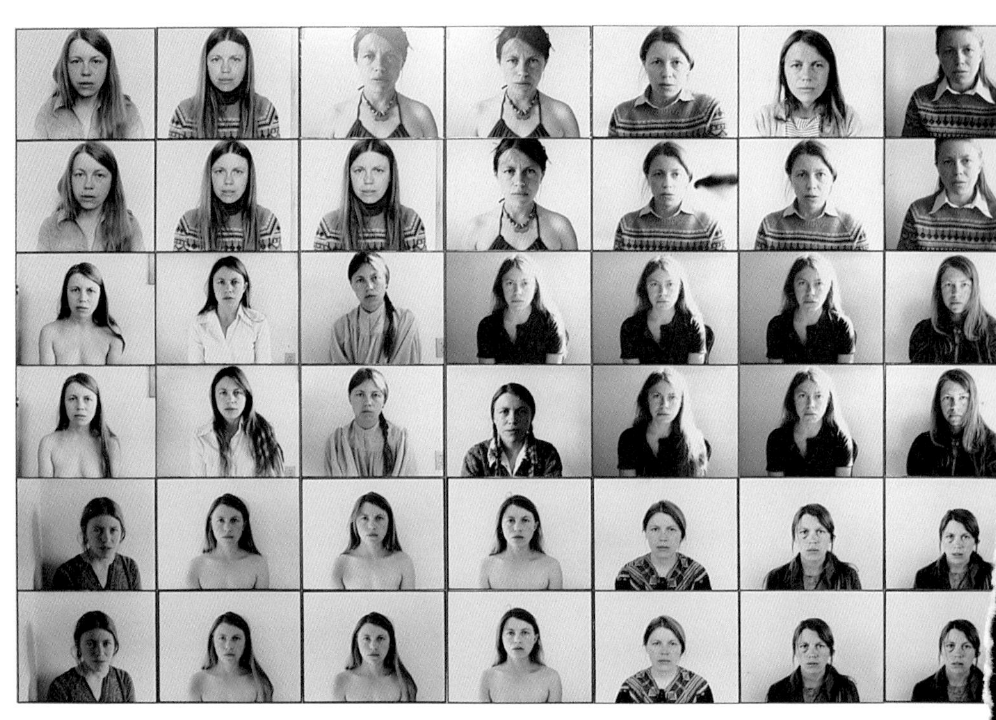

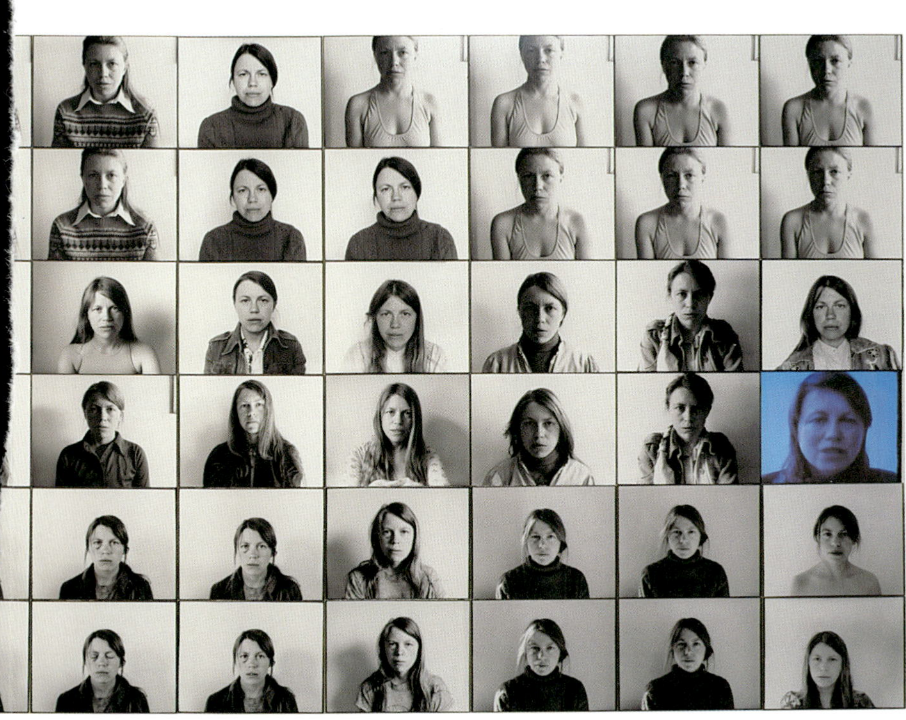

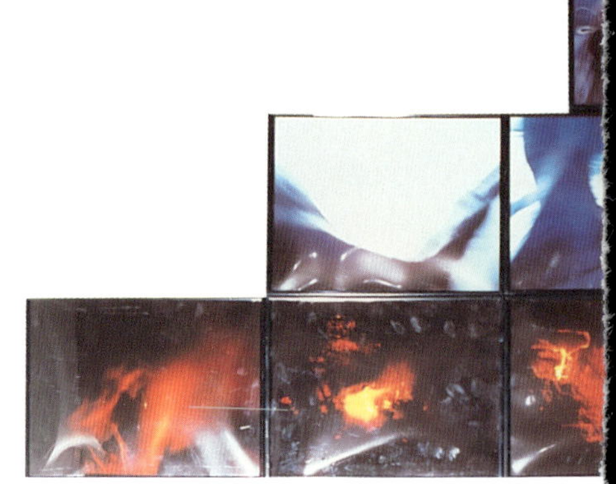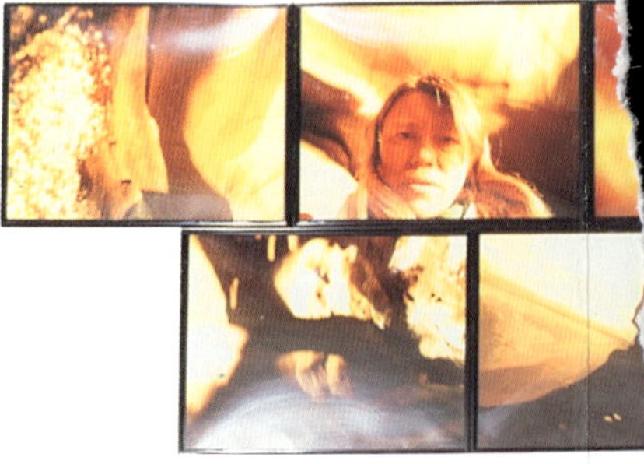

<h1 style="text-align:center">between identity
and
recognition</h1>

Since 1972, Sandra Semchuk's photographic work has been characterized by themes of identity and recognition. These concepts, which seem to resonate in much contemporary work, take on a particular significance for Semchuk. Her quest is strikingly analogous to that described by Canadian philosopher Charles Taylor in his essay *The Politics of Recognition*[1].

Her work echoes Taylor's perspective, wherein identity "designates something like a person's understanding of who they are, of their fundamental defining characteristics as a human being."[2] Thus identity becomes a person's way of establishing intimate contact with their innermost being and of declaring their uniqueness through language, both the language of conventional communication and "other modes of expression whereby we define ourselves, including the 'languages' of art, of gesture, of love and the like."[3]

The very term "language" presumes dialogue with those who understand us, which in turn leads to a fundamental and essential aspect of identity — recognition. "Thus my discovering my own identity doesn't mean that I work it out in isolation, but that I negotiate it through dialogue, partly overt, partly internal, with others. That is why the development of an ideal of inwardly generated identity gives a new importance to recognition. My own identity crucially depends on my dialogical relations with others."[4]

[1] Charles Taylor, "The Politics of Recognition," in Charles Taylor *et al.*, *Multiculturalism and "The Politics of Recognition"* (Princeton: Princeton University Press, 1992). [2] *Ibid.*, p. 25. [3] *Ibid.*, p. 32. [4] *Ibid.*, p. 34.

Thanks to this complex interweaving of relations, we are able to forge our own personal identity, an affirmation of the self that is confirmed in the mirror of the other. "Each consciousness seeks recognition in another."[5] And this is precisely what is going on in the work of Sandra Semchuk.

The photographer's first work was a documentary on Meadow Lake, the small town in Saskatchewan where she was born in 1948. The pictures she made there between 1972 and 1975 portray the places and people — the environment — which marked her childhood. Farmlands punctuated by grain elevators and bush. In the distance, the onion dome of a Ukrainian church. The snack bar, the general store, the community centre: each a hub of social activity. Sparse, well-ordered interiors harbour an intimacy apart from community life. Semchuk approached people on their own familiar territory, and explored their faces to rediscover attitudes with which she had first identified.

In 1975, Semchuk had finished this expression of the social landscape of her origins and she began to chronicle her life as a woman within a family, recording relationships of affection and friendship as well as blood ties. Having been an observer of her past; she was now participating in the progression of her own story. The camera in her hands became one of the protagonists in the events of her personal life.

I stopped seeing through the camera lens and moved as a performer in front of the lens. Using the camera on a tripod, I photographed myself alone or in relationship with family or friends using constant formats; head and shoulder distance, environmental portrait distance, and the panoramic format.[6]

Initially, Semchuk examined her relationship with her family: grandmother, father, mother, brother, sister, nephews, nieces, husband, daughter. Several

[5] *Ibid.*, p. 50. [6] Sandra Semchuk, "Toward Real Change: My Photographic Work Done in Saskatchewan from 1972–1982 and in New Mexico from 1982–1983" (masters thesis, University of New Mexico, 1983), p. 7.

of these snapshots are reminiscent of a family album in their marking of the rituals of life together — parties, gatherings, birthdays, weddings — that make up the family annals where each finds confirmation of their own memories. These intimate landscapes are full of signposts highlighting interrelationships: displays of affection, loving glances, the joyous abandon of children at play. In these rich images, Semchuk creates a spontaneous staging of her ties to her family, and celebrates the domestic setting that is home to these rituals.

In another series of portraits, she explicitly and deliberately explores her relationships with those she is closest to. These portraits, created with the cooperation of her parents, her husband Richard, and their daughter, Rowenna, go straight to the essentials: a stance, a gesture, a face and its expressions. Nothing comes between the intensity of the moment and the density of its representation. The camera is invisible as it frames faces in close-up and in the purity of black and white; spatial and temporal references are dispensed with to give free rein to the presence and transparency of the characters. For Semchuk, this is a way of situating herself directly and honestly among the people who are important to her, who are an integral part of her life.

A series of self-portraits complements this collection. She uses photography as an uncompromising mirror with which she gauges her interiority, establishes intimacy with her innermost self and explores the desires that shape her relationships with others. These pictures are even more stripped down than the previous portraits. Semchuk's face is an intimate landscape, a surface washed in moods and emotions. She gives herself up to the pitiless eye of the camera, recording those moments of revelation and self-knowledge where interior and exterior become a seamless whole. This series of intense images confirm her identity through styles of dressing, and her constancy to herself throughout the aging process, doubts, joys, pains, loves and the vagaries of existence.

Mute/Voice is the culmination of this braid of experiences and sentiments which ensure personal continuity through change, and place it within the collective history. This monumental fresco, created in 1991, includes 77 of the photographic self-portraits produced between 1976 and 1981, and a video.

The bluish, flickering video image, inserted within one of the rows of photographs, shows us a Semchuk who, framed like one of her self-portraits, recites the history of four generations of women in her family. The slow, grave chant of the artist, the emotive expressiveness of her face, and the texture of her voice like an indelible, intimate and unique signature, all weave a tale where personal identity and generational belonging are intertwined. Semchuk evokes a gesture of silent intimacy with her grandmother Baba, celebrates the domesticity of her mother Josephine, recalls the shared invention of rituals with her daughter Rowenna, and concludes by placing herself within the ancestral line. For Semchuk, this story is a way of articulating her personal experience and situating it within the oral tradition through which generations pass on their history, customs and wisdom.

Two choices lay open to Semchuk following this long period of introspection. Feminist activism might have become the direction of her work, but she opted instead for the adventure of her inner landscape. Just as she had formed a visual vocabulary to regain the territory of her origins, to scan the family horizon and to stake out her secret garden, so her graduate studies in photography at the University of New Mexico in 1982–83 would lead her to immerse herself within her interiority and renew her language in order to better translate it.

The new photographic sequences begun here in New Mexico articulate desire while satisfying it . . . Synchronicity is the organizing principle of every gesture, every shift from out of focus (shifts of consciousness), every breaking of form . . . As I photograph, I keep raising alternative propositions, eluding the traps of my own vision . . . In the

Seeing My Father See His Own Death
Yuma, Arizona, 1983

« Regarder mon père voir venir sa mort »
Yuma, Arizona, 1983

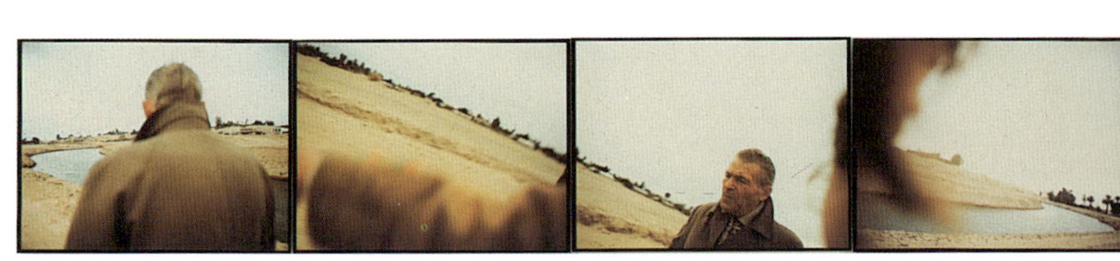

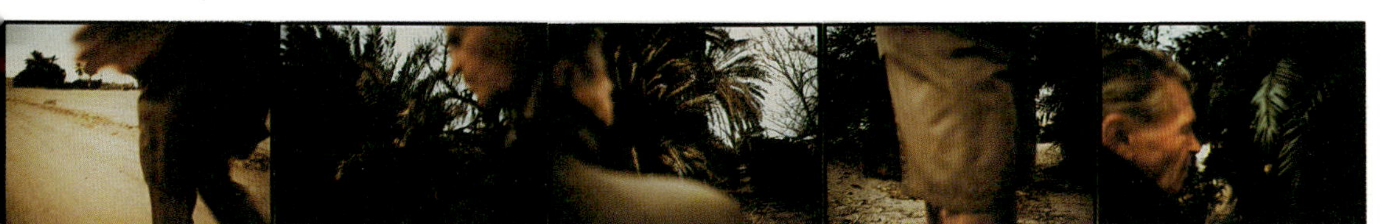

*desert I find water to photograph and trees, swings, ropes, rocks, mountains—
environs of shapes which I can give meaning to, perform with as little rituals
realizing desires . . . Chance is the concrete synchronicity — the multiple experiences
of the mind when given rein escape the boundaries of the single personality. The
speech of many tongues comes from the big pot we share: chaos. That pot is ahis-
torical, based on the simultaneous existence of all times and places.[7]*

Semchuk continued this internal voyage guided by desire, that energy which
imprints its movement on forays outside the self and shapes human relationships. She opened herself to this existential spontaneity, riding the curve
where body and soul meet. The intimate performances which she took part
in resulted in moments of plenitude where intellect, imagination, feeling
and instinct were perfectly merged. In these moments, transparent to herself and to others, the artist espoused the movements of her subjects,
became one with the moment, and delivered herself entirely to what she
calls "spontaneous rituals."

Semchuk adopted a gestural vocabulary to instantaneously transcribe interior movement. The camera became an extension of her senses, a machine
for collecting perceptions in the fluidity of the moment. This automatic writ-
ing ruptures the moment into a proliferation of colourful, blurred impressions, then reconstructs it in a cohesive set that translates this unique way of
being. Colour, saturated to the maximum, shimmers on the glossy surface
of Cibachrome prints. Luminous streaks evoke the presence of objects rather
than describing their contours and materiality. A whirl of shapes and colours,
movement shatters the rigid frame that seeks to contain this sensual tide.

Baba's Garden is typical of this method. Camera in hand, Semchuk explored
a garden, transforming it into a fever of colour. In so doing, she has created
an atmosphere of discovery and ecstasy, breaking down the com-
monly accepted borders between the world and the self, the two
natures dissolving into one another.

and
r e c o g n i t i o n

---

[7] *Ibid.*, p. 16–17.

This fusion of the self and natural forces lies at the heart of *Self-portrait, Galiano Island*. In this irregular mosaic of 41 pictures, Semchuk evokes the elements of the ancients. The upper two rows of the composition show a magma of earth and water in tones of blue. The two following rows seize the flickering of flames in shadow. In the last three rows, bathed in golden light, Semchuk's hand brushes the rock. Finally, her face, radiant and calm. The entire work is a story of passage: from the fluidity of water to the movement of fire, from the solidity of stone to the subtlety of air, from the shadows of darkness to the brilliance of daylight.

Within this image of the cascading elements, the self comes together, comes apart, and comes together again before our eyes, without interruption. Within this vortex the face of the artist, stable and precise, appears like a point of reference. Michel Foucault's statement that "identities are defined by trajectories"[8] seems a particularly apt description of this phase of Semchuk's work. The self is not an immutable definition of a person for all eternity. Instead, it has a personal and collective history that is in constant flux — a unique way of becoming one with the changes across the universe.

Seeing My Father See His Own Death lies at the core of this examination of passage. In nine photographs, displayed in a straight line, Semchuk captures the precariousness of human life, specifically of those who are dear to us. A moment of intimacy between father and daughter is the beginning of a long effort to exorcise the fear of death and to accept the natural outcome of the life process.

Having been a virtually omnipresent protagonist in the family portraits and cooperative self-portraits, Martin Semchuk becomes a full partner in this process of self-realization. Art has become a means of continuing the dialogue that began at birth. He says:

[8] Michel Foucault, "Pour une morale de l'inconfort," *Le Nouvel Observateur*, (23 April 1970), p. 83.

We have worked together all your life, pretty well. So it is something that is so very natural and very normal to us that it is very difficult to talk about. This is the way we are.[9]

James Nicholas, Semchuk's partner, joins his voice to those of father and daughter in *Old People, Animals and Indians*. What first captures our attention in this four-part installation is the wealth of materials, photographs, texts, video, fabric, metal—and the complexity of the themes: the established order that freezes identities is rejected for a sort of metamorphosis of the characters, weaving them into the current of history to rediscover the touchstone of ancient wisdom.

The first part, which gives the installation its title, is made up of three videos presented in parallel. In the first, the father, backlit by a window, speaks of what his life has been and of the fate that awaits old people. The second video follows the approach of a bear. The third consists of a slow panoramic scan of a mountain while the voice of James Nicholas speaks in Cree of the spiritual forces at work in nature.

The second part is entitled *Death is a Natural Thing, Sweetheart*. Sixteen selenium-toned black and white photographs are arranged in a grid. They show Martin Semchuk going about his daily life during the summer, active, in control of himself and his destiny. These are pictures of a lucid and autonomous elder, who refuses to submit to the stereotype of the old man whose time is past and who patiently sits on the sidelines, waiting for the end. Texts on canvas display a brief conversation between father and daughter.

On the first:
Death is a natural thing, Sweetheart.

On the last:
I am going to miss you, Dad.[10]

[9] Martin Semchuk, interview by Sandra Semchuk, unpublished video, 1994.
[10] Martin Semchuk and Sandra Semchuk, from *Death is a Natural Thing, Sweetheart*, Vancouver, 1994.

Between the two, the emptiness of silence. From the inescapability of death to the inevitability of loss, there is nothing left to say.

The third part, *In Death's Embrace*, consists of three large sheets of copper on which images of a bear immersed in water have been screen-printed. The images are accompanied by canvas with a text condemning the white man, who transferred his pathological fear of death onto the bear that refused domestication, just as he marginalized the native peoples and colonized their ancestral lands. In the second part of the text, taken from a conversation with her father, Semchuk attests to her own exile from the traditions and language of her Ukrainian ancestors and acknowledges the timelessness of the exchange between her and her father.

The fourth part, called *Taking Off Skins*, is composed of 36 black and white photographs arranged in a grid and accompanied by a text printed on canvas. In this section, James Nicholas's text is an indictment of the white power which sought to tame nature and the life of his people.

Lunging at my throat the black robe tore off the bear claws from my chest and his mistress tied the British scarf of tyranny about my neck.

Adorned in the finest garments of sheepskin and the scarlet embroidery of colonial authority I stood watching from the ivory tower of civility while the government stole all the gods and hid them in the sanctuary of its own terror.[11]

The pictures show Nicholas casting off his city clothes to dress in traditional garb and skin a bear. This section of the installation is a metaphor for the paths a person must take to renew ties with the ancient customs of his people. Nicholas associates himself with an ancestral way of being through words and gestures in harmony with the forces of nature. Through this ritual, he consummates knowledge which has been passed down through the generations. In doing so, the individual transcends himself, becoming a

[11] James Nicholas, from *Taking Off Skins*, Prince Rupert–Vancouver, 1994.

link in the unbroken chain of values and beliefs that ensure the survival of cultures.

Over the last two decades, Sandra Semchuk has explored her origins, in dialogue with her loved ones, using a photographic vocabulary combined with various media to construct an identity that is rich in experience. Her Ukrainian and Polish heritage, which she evokes repeatedly, is a thread running throughout the entire process, and could well guide her future work. The foundation of her work is the Slavic world of her ancestors. The outcome of her quest could be the following dialogue between herself and her father—as embroidered by a Ukrainian woman, using traditional designs—which serves as the backdrop to *Ukrainians vote to go their own way*.

Father's Voice
A family is like a small nation to me. When my grandfather Andrew came to Canada from Ukraine he brought with him pain and suffering from decades of brutal wars over the deep rich soil of Ukraine; from the imposed slavery of the overlords. He brought his history . . .

Daughter's Voice
Dad, you have taught me that home is where you have choice. For Ukrainian people, Ukraine has not been home for many generations. They have been exiles in their own land. As a Canadian of Ukrainian ancestry I carry that sense of exile learned from my grandparents and from you. For me, freedom of Ukrainian people, their independence, is an assertion of the right to have a home and the right to make decisions in that home. Boundaries define the territory (both inner and outer) that we call home. Love is the recognition of and respect for the home of another individual, people, or nation. [12]

[12] Martin Semchuk and Sandra Semchuk, from *Ukrainians vote to go their own way*, 1990.

Old People, Animals and Indians

« Des vieux, des animaux et des Indiens »

Death is a Natural Thing, Sweetheart
Collaboration with Martin Semchuk,
Cochin, Saskatchewan–Vancouver, British Columbia, 1994

« Ma chérie, c'est naturel de mourir »
En collaboration avec Martin Semchuk,
Cochin (Saskatchewan)–Vancouver(Colombie-Britannique), 1994

Taking off Skins
Collaboration with James Nicholas,
Prince Rupert–Vancouver, British Columbia, 1994

« Changer de peau »
En collaboration avec James Nicholas
Prince Rupert–Vancouver (Colombie-Britannique), 1994

Ukrainians vote to go their own way
Daughter-father collaboration, 1990
From *Memory and Desire: Eleven Women of Culture*

« Les Ukrainiens votent en faveur de l'indépendance »
Collaboration fille-père, 1990
Extrait de « Mémoire et désir : Onze femmes et leur culture »

Ma chérie, c'est naturel de mourir

Papa, tu vas me manquer

Ma chérie, c'est naturel de mourir

Papa, tu vas me manquer

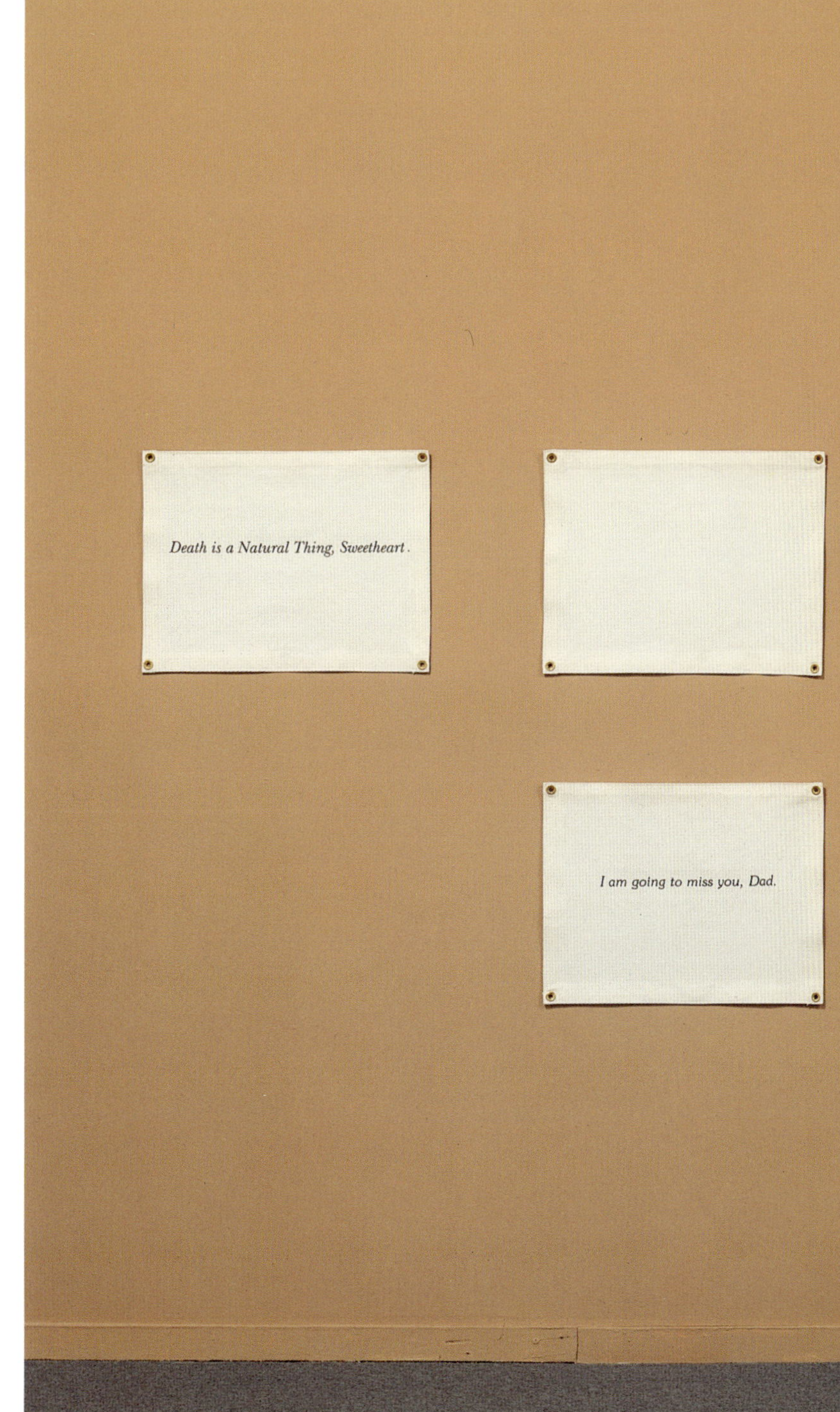
Death is a Natural Thing, Sweetheart.
I am going to miss you, Dad.

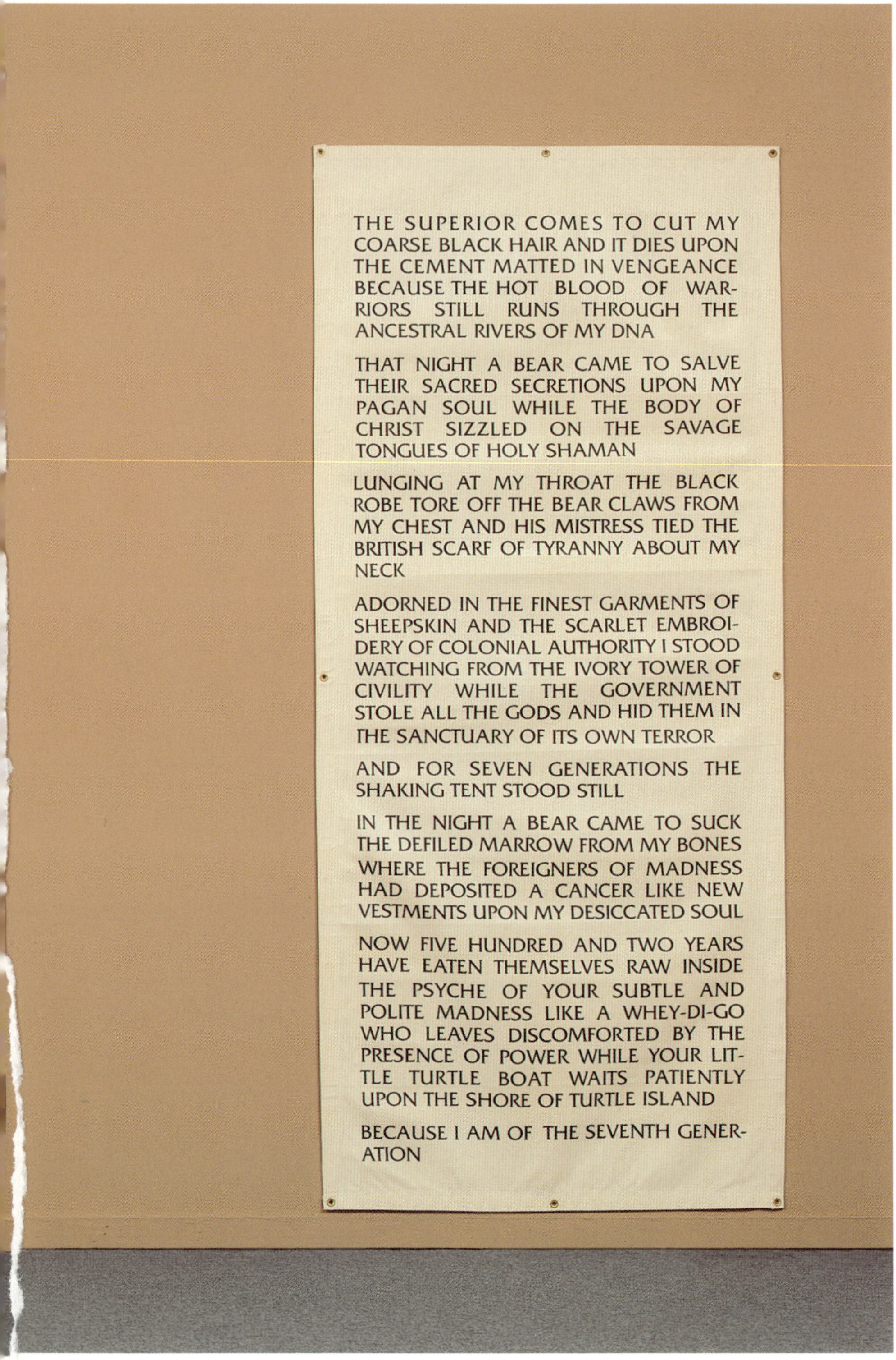

THE SUPERIOR COMES TO CUT MY
COARSE BLACK HAIR AND IT DIES UPON
THE CEMENT MATTED IN VENGEANCE
BECAUSE THE HOT BLOOD OF WAR-
RIORS STILL RUNS THROUGH THE
ANCESTRAL RIVERS OF MY DNA

THAT NIGHT A BEAR CAME TO SALVE
THEIR SACRED SECRETIONS UPON MY
PAGAN SOUL WHILE THE BODY OF
CHRIST SIZZLED ON THE SAVAGE
TONGUES OF HOLY SHAMAN

LUNGING AT MY THROAT THE BLACK
ROBE TORE OFF THE BEAR CLAWS FROM
MY CHEST AND HIS MISTRESS TIED THE
BRITISH SCARF OF TYRANNY ABOUT MY
NECK

ADORNED IN THE FINEST GARMENTS OF
SHEEPSKIN AND THE SCARLET EMBROI-
DERY OF COLONIAL AUTHORITY I STOOD
WATCHING FROM THE IVORY TOWER OF
CIVILITY WHILE THE GOVERNMENT
STOLE ALL THE GODS AND HID THEM IN
THE SANCTUARY OF ITS OWN TERROR

AND FOR SEVEN GENERATIONS THE
SHAKING TENT STOOD STILL

IN THE NIGHT A BEAR CAME TO SUCK
THE DEFILED MARROW FROM MY BONES
WHERE THE FOREIGNERS OF MADNESS
HAD DEPOSITED A CANCER LIKE NEW
VESTMENTS UPON MY DESICCATED SOUL

NOW FIVE HUNDRED AND TWO YEARS
HAVE EATEN THEMSELVES RAW INSIDE
THE PSYCHE OF YOUR SUBTLE AND
POLITE MADNESS LIKE A WHEY-DI-GO
WHO LEAVES DISCOMFORTED BY THE
PRESENCE OF POWER WHILE YOUR LIT-
TLE TURTLE BOAT WAITS PATIENTLY
UPON THE SHORE OF TURTLE ISLAND

BECAUSE I AM OF THE SEVENTH GENER-
ATION

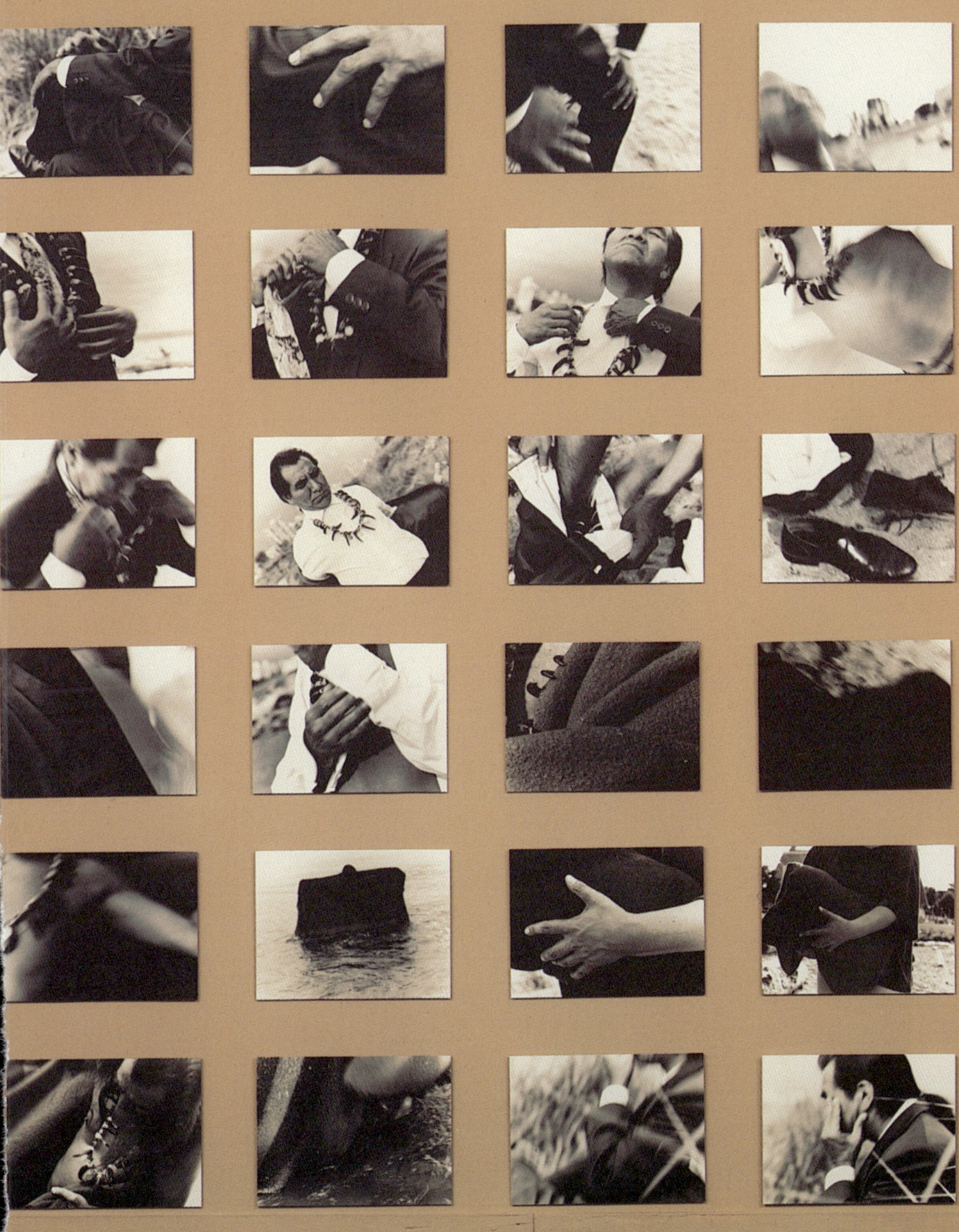

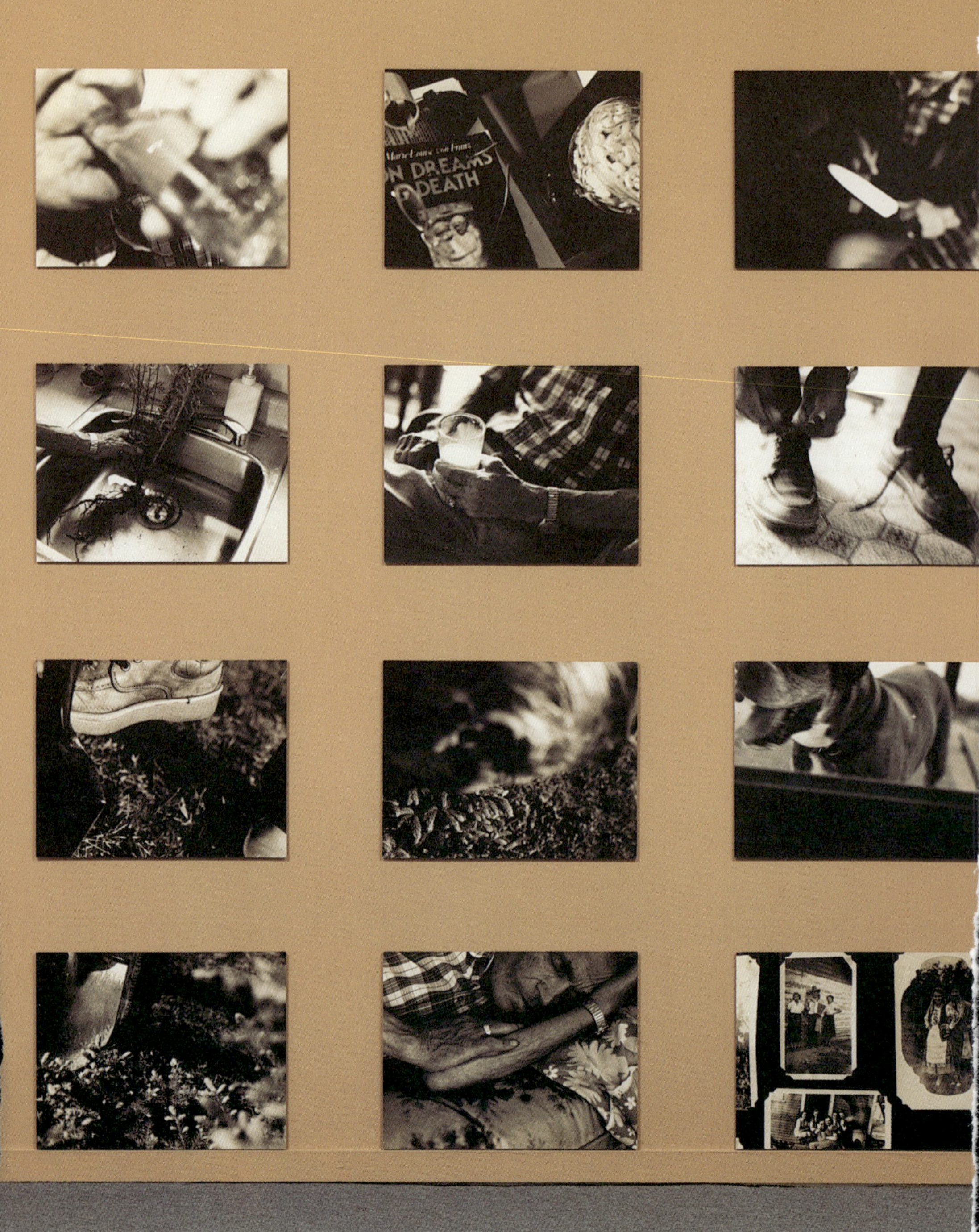

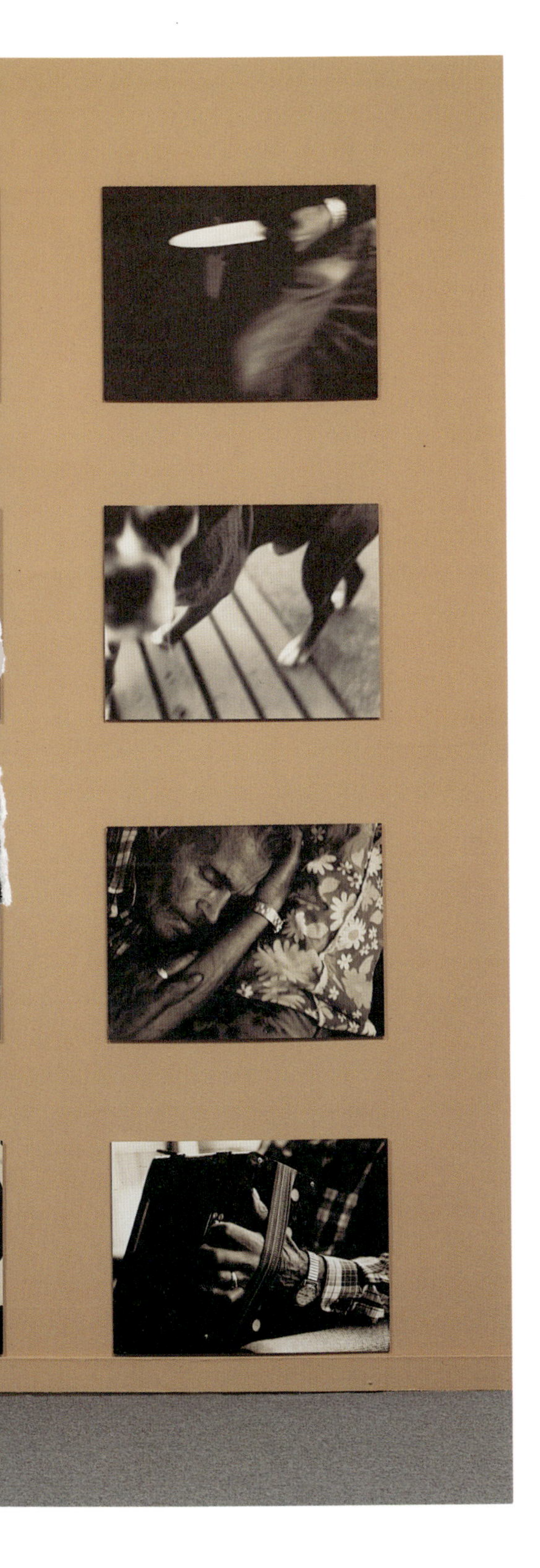

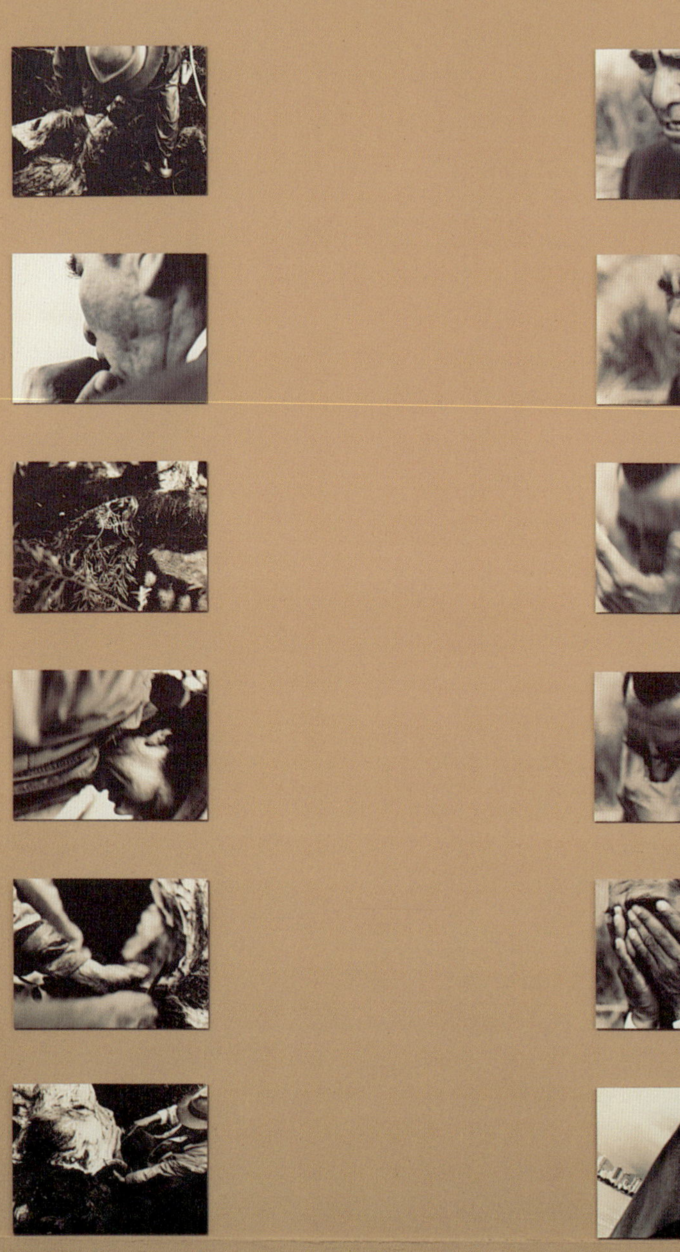

le supérieur vient couper mon épaisse chevelure
noire et elle tombe morte sur le ciment, tout
emmêlée par la vengeance, car le sang brûlant des
guerriers coule encore dans les rivières ancestrales
de mon ADN

cette nuit-là, un ours est venu mettre sur mon âme
païenne le baume de leurs sécrétions sacrées alors
que sur les langues sauvages du saint chaman
grésillait le corps du Christ

la robe noire m'a sauté à la gorge pour m'arracher les griffes d'ours du torse alors que sa
maîtresse me nouait autour du cou l'écharpe de la
tyrannie britannique

revêtu des plus beaux habits de peaux de mouton
et de la broderie écarlate de l'autorité coloniale,
je faisais le guet de la tour d'ivoire de la civilité
alors que le gouvernement volait tous les dieux et
les cachait dans le sanctuaire de sa propre terreur

et, durant sept générations, la tente aux esprits se
tient immobile

dans la nuit, un ours est venu sucer la moëlle pro-
fanée de mes os dans lesquels les étrangers de la
folie avaient déposé un cancer comme de neufs
habits sacerdotaux sur mon âme desséchée

aujourd'hui se sont consummés jusqu'au vif cinq
cents et deux ans à l'intérieur de la psyché de
votre subtile et courtoise démence comme un
windigo qui s'en va incommodé par la présence du
pouvoir alors que votre petit bateau de tortue
attend patiemment sur le rivage de l'île de la
tortue

parce que je suis de la septième génération

le supérieur vient couper mon épaisse chevelure
noire et elle tombe morte sur le ciment, tout
emmêlée par la vengeance, car le sang brûlant des
guerriers coule encore dans les rivières ancestrales
de mon ADN

cette nuit-là, un ours est venu mettre sur mon âme
païenne le baume de leurs sécrétions sacrées alors
que sur les langues sauvages du saint chaman
grésillait le corps du Christ

la robe noire m'a sauté à la gorge pour m'arracher les griffes d'ours du torse alors que sa
maîtresse me nouait autour du cou l'écharpe de la
tyrannie britannique

revêtu des plus beaux habits de peaux de mouton
et de la broderie écarlate de l'autorité coloniale,
je faisais le guet de la tour d'ivoire de la civilité
alors que le gouvernement volait tous les dieux et
les cachait dans le sanctuaire de sa propre terreur

et, durant sept générations, la tente aux esprits se
tient immobile

dans la nuit, un ours est venu sucer la moëlle pro-
fanée de mes os dans lesquels les étrangers de la
folie avaient déposé un cancer comme de neufs
habits sacerdotaux sur mon âme desséchée

aujourd'hui se sont consummés jusqu'au vif cinq
cents et deux ans à l'intérieur de la psyché de
votre subtile et courtoise démence comme un
windigo qui s'en va incommodé par la présence du
pouvoir alors que votre petit bateau de tortue
attend patiemment sur le rivage de l'île de la
tortue

parce que je suis de la septième génération

La voix du père

Pour moi, une famille est pareille à une petite nation. Quand mon grand-père André a quitté l'Ukraine pour le Canada, il portait en lui la douleur et la souffrance liées aux décennies de guerres brutales menées sur la riche terre fertile d'Ukraine; à l'esclavage imposé par les seigneurs. Il a emporté son histoire. Je suis un solitaire comme lui. Je sais comment tenir les gens à distance. Je sais vraiment comment. Depuis la crise cardiaque, mes frontières sont ouvertes. Je peux faire confiance aux gens. Les problèmes de confiance dans les relations sont identiques aux problèmes de confiance entre nations. J'aimerais tant voir éliminées les frontières entre les nations, entre les peuples.

La voix de la fille

Papa, tu m'as appris qu'un foyer est un lieu où s'exerce le choix. Pour le peuple ukrainien, l'Ukraine n'est pas un foyer depuis plusieurs générations. Ils ont été des exilés sur leur propre terre. Comme canadienne d'ascendance ukrainienne, je porte ce sentiment d'exil que mes grands-parents et toi m'avez transmis. Pour moi, la liberté du peuple ukrainien, son indépendance, est une affirmation du droit à un foyer et du droit d'y prendre les décisions. Les frontières définissent le territoire (à la fois intérieur et extérieur) que nous appelons foyer. L'amour est la reconnaissance et le respect du foyer d'une autre personne, d'un autre peuple ou d'une autre nation.

« Les peuples doivent se rendre maîtres de leur destinée »

L'affranchissement de la tutelle russe marque la fin de l'Union soviétique

L'affranchissement de la tutelle russe marque la fin de l'Union soviétique

« Les peuples doivent se rendre maîtres de leur destinée »

La voix du père

Pour moi, une famille est pareille à une petite nation. Quand mon grand-père André a quitté l'Ukraine pour le Canada, il portait en lui la douleur et la souffrance liées aux décennies de guerres brutales menées sur la riche terre fertile d'Ukraine; à l'esclavage imposé par les seigneurs. Il a emporté son histoire. Je suis un solitaire comme lui. Je sais comment tenir les gens à distance. Je sais vraiment comment. Depuis la crise cardiaque, mes frontières sont ouvertes. Je peux faire confiance aux gens. Les problèmes de confiance dans les relations sont identiques aux problèmes de confiance entre nations. J'aimerais tant voir éliminées les frontières entre les nations, entre les peuples.

La voix de la fille

Papa, tu m'as appris qu'un foyer est un lieu où s'exerce le choix. Pour le peuple ukrainien, l'Ukraine n'est pas un foyer depuis plusieurs générations. Ils ont été des exilés sur leur propre terre. Comme canadienne d'ascendance ukrainienne, je porte ce sentiment d'exil que mes grands-parents et toi m'avez transmis. Pour moi, la liberté du peuple ukrainien, son indépendance, est une affirmation du droit à un foyer et du droit d'y prendre les décisions. Les frontières définissent le territoire (à la fois intérieur et extérieur) que nous appelons foyer. L'amour est la reconnaissance et le respect du foyer d'une autre personne, d'un autre peuple ou d'une autre nation.

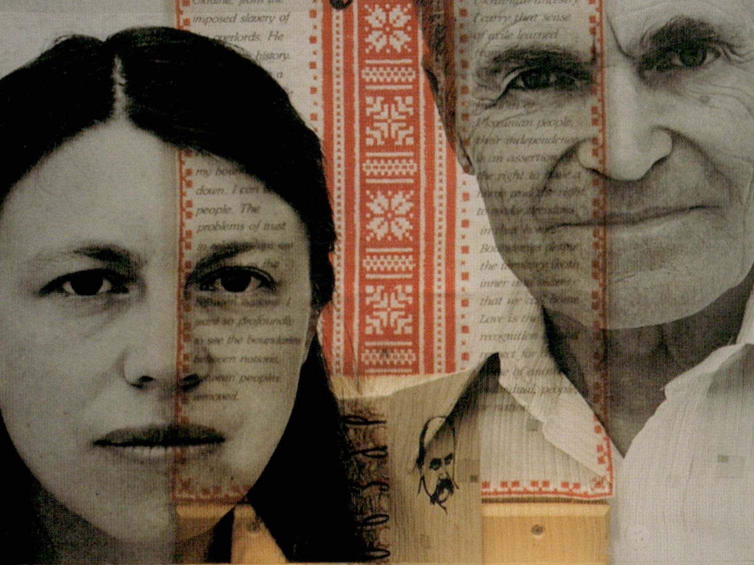
REFERENDUM
Ukrainians vote to go own way
"The people must be masters of their own fate."
Independence from Russia signals end of Soviet Union

Sandra Semchuk naît en 1948 à Meadow Lake en Saskatchewan dans une famille d'ascendance ukrainienne et polonaise. Elle étudie à l'Université de Saskatchewan qui lui décerne un baccalauréat en beaux-arts en 1970. Elle obtient sa maîtrise en arts visuels de l'Université du Nouveau-Mexique en 1983.

Au fil des ans, Semchuk puise l'inspiration de son travail photographique aux sources fondamentales de l'histoire personnelle et de la nature. De 1971 à 1976, elle photographie les gens de sa ville natale, puis expose ses photos sur la rue principale de la ville. En 1975, elle amorce une série de portraits de membres de sa famille, d'amis proches et d'elle-même en interaction, seuls ou sur fond de paysage. Cette série est à l'origine de l'exposition *Excerpts from a Diary* présentée à la Mendel Art Gallery de Saskatoon. En 1983, alors qu'elle étudie à l'Université du Nouveau-Mexique, elle délaisse les autoportraits pour créer des analogues visuels de l'expérience de soi. L'exposition *Moving Parallel: Reconstructed Performances from Daily Life*, inaugurée en 1989 à la Photographers Gallery de Saskatoon, condense le travail de cette période. Cette exposition, qui circule jusqu'en 1991, fait l'objet de huit présentations en Colombie-Britannique, en Alberta, en Saskatchewan, au Manitoba et en Ontario.

Au cours des années, le travail photographique de Semchuk figure dans de nombreuses expositions collectives au Canada, aux États-Unis (San Francisco, New York, Houston) et en Europe (Londres, Kirkaldy, Paris, Stockholm). Plusieurs collections publiques possèdent de ses œuvres, dont la Banque d'œuvres d'art du Conseil des Arts du Canada à Ottawa, la Dunlop Art Gallery de Regina, l'Edmonton Art Gallery d'Edmonton, la MacKenzie Art Gallery de Regina, la Mendel Art Gallery de Saskatoon, la Mount St. Vincent University Art Gallery d'Halifax, la Photographers Gallery de Saskatoon, le San Francisco Museum of Modern Art de San Francisco et le Museum of Modern Art de New York.

Semchuk fait souvent appel à des collaborations pour satisfaire à la nature même de son travail. Ainsi, elle collabore avec son père, l'écrivain engagé Martin

Semchuk, lors de nombreuses œuvres, notamment *Coming to Death's Door* et *The Descent*, présentées à la Presentation House de Vancouver en 1991. Semchuk travaille également avec son compagnon James Nicholas, auteur, acteur et militant autochtone. *Des vieux, des animaux et des Indiens* est leur premier projet en collaboration.

Sandra Semchuk enseigne la photographie au Emily Carr Institute of Art and Design de Vancouver.

Sandra Semchuk was born in 1948 in Meadow Lake, Saskatchewan, into a family of Ukrainian and Polish descent. She studied at the University of Saskatchewan where she graduated with a Bachelor of Fine Arts in 1970. She completed an M.A. in visual arts at the University of New Mexico in 1983.

Over the years, Semchuk has used personal history and nature as the primary sources of her work in photography. From 1971 to 1976, she photographed the people of her hometown, then exhibited the work on the town's main street. In 1975, she began to record herself, her family, and close friends in relationships, alone, and within the landscape. This led to the exhibition *Excerpts from a Diary*, shown in 1982 at the Mendel Art Gallery in Saskatoon. In 1983, while at the University of New Mexico, Semchuk's work changed from recording observations of self to creating visual analogues to the experience of self. This period of work was summarized in the exhibition *Moving Parallel: Reconstructed Performances from Daily Life* launched in 1989 at The Photographers Gallery in Saskatoon. The exhibition travelled until 1991 to eight venues in British Columbia, Alberta, Saskatchewan, Manitoba and Ontario.

Over the years, Semchuk's photographic work has been part of numerous group exhibitions in Canada, the United States (San Francisco, New York, Houston) and Europe (London, Kirkaldy, Paris, Stockholm). Her work can be found in several public collections, including the Canada Council Art Bank, Ottawa; the Dunlop Art Gallery, Regina; the Edmonton Art Gallery, Edmonton; the MacKenzie Art Gallery, Regina; the Mendel Art Gallery, Saskatoon; the Mount St. Vincent University Art Gallery, Halifax; The Photographers Gallery, Saskatoon; the San Francisco Museum of Modern Art, San Francisco; and The Museum of Modern Art, New York.

The nature of Semchuk's work has led her to seek artistic collaborations. She has collaborated with her father, social activist and writer Martin Semchuk, on many 45 works, notably *Coming to Death's Door* and *The Descent*, shown at Presentation House in Vancouver in 1991. Semchuk has also worked with her partner James Nicholas, a Native activist, actor, and writer. *Old People, Animals and Indians* is their first project together.

Sandra Semchuk teaches photography at the Emily Carr Institute of Art and Design in Vancouver.

À moins d'indication contraire, les œuvres sont des épreuves argentiques prêtées par la photographe. La liste des œuvres est conforme à l'ordre de présentation de l'exposition.

Unless otherwise noted, all works are gelatin silver prints lent by the photographer. They are listed in their hanging sequence.

Baba, Uncle Ed and Dad
Meadow Lake, Saskatchewan, March 1977

« Baba, oncle Ed et papa »
Meadow Lake (Saskatchewan), mars 1977
19.0 x 24.0 cm
Collection: CMCP/MCPC

*Self-portrait, the day I said
good-bye to Baba*
Meadow Lake, Saskatchewan, April 1977

« Autoportrait le jour où j'ai dit
adieu à Baba »
Meadow Lake (Saskatchewan), avril 1977
18.8 x 23.8 cm
Collection: CMCP/MCPC

Self-portrait, Baba's bedroom
Meadow Lake, Saskatchewan, April 1977

« Autoportrait dans la chambre à
coucher de Baba »
Meadow Lake (Saskatchewan), avril 1977
18.8 x 23.9 cm

Baba's grave
Meadow Lake, Saskatchewan, July 1977

« La tombe de Baba »
Meadow Lake (Saskatchewan), juillet 1977
18.8 x 23.9 cm

Mrs. Malowski, Rowenna and I
Prince Albert, Saskatchewan,
February 1979

« Madame Malowski, Rowenna et moi »
Prince Albert (Saskatchewan), février 1979
19.0 x 24.3 cm

*Mom and Auntie Stella in their
godmother Mrs. Suchorab's garden*
Weirdale, Saskatchewan, July 1978

« Maman et tante Stella dans le jardin
de leur marraine, madame Suchorab »
Weirdale (Saskatchewan), juillet 1978
19.0 x 24.3 cm

Mr. Krechewec and Dad
Prince Albert, Saskatchewan, July 1978

« Monsieur Krechewec et papa »
Prince Albert (Saskatchewan), juillet 1978
19.0 x 24.3 cm

*Mom and Auntie Stella in their
godmother Mrs. Suchorab's garden*
Weirdale, Saskatchewan, July 1978

« Maman et tante Stella dans le jardin
de leur marraine, madame Suchorab »
Weirdale (Saskatchewan), juillet 1978
19.3 x 24.4 cm

*Mom and Auntie Stella in their
godmother Mrs. Suchorab's garden*
Weirdale, Saskatchewan, July 1978

« Maman et tante Stella dans le jardin
de leur marraine, madame Suchorab »
Weirdale (Saskatchewan), juillet 1978
19.3 x 24.4 cm

*Dad, his cousin Peter, my cousins
Richard and Wayne, Uncle John, Howard
and I at cousin Joanne's wedding*
Prince Albert, Saskatchewan, July 1979

« Papa, son cousin Peter, mes cousins
Richard et Wayne, oncle John, Howard
et moi au mariage de cousine Joanne »
Prince Albert (Saskatchewan), juillet 1979
4 gelatin silver prints/
épreuves argentiques
19.0 x 24.3 cm each/chacune

*Sister Carol at her daughter
Kelly's wedding*
Edmonton, Alberta, July 1979

« Ma sœur Carol au mariage de sa
fille Kelly »
Edmonton (Alberta), juillet 1979
19.1 x 24.2 cm

*Mom, Sister Carol, Rowenna, Dad,
Richard and Kelly in our kitchen*
RR 6, Saskatoon, Saskatchewan,
August 1980

« Maman, ma sœur Carol, Rowenna,
papa, Richard et Kelly dans notre
cuisine »

R.R. nº 6, Saskatoon (Saskatchewan),
août 1980
19.1 x 24.1 cm

*Auntie Eileen and cousin Linda with
Chelsea and Rowenna*
Kelowna, British Columbia, 1979

« Tante Eileen et cousine Linda avec
Chelsea et Rowenna »
Kelowna (Colombie-Britannique), 1979
19.0 x 24.3 cm

Mom and Len Weber
Yuma, Arizona, February 1979

« Maman et Len Weber »
Yuma, Arizona, février 1979
19.0 x 24.4 cm

Rowenna
Regina, Saskatchewan, May 1982

« Rowenna »
Regina (Saskatchewan), mai 1982
19.0 x 24.4 cm

*Uncle Charlie, Rowenna, Paul and I at
cousin Joanne's wedding*
Prince Albert, Saskatchewan, July 1979

« Oncle Charlie, Rowenna, Paul et
moi au mariage de cousine Joanne »
Prince Albert (Saskatchewan), juillet 1979
19.0 x 24.4 cm

*Co-operative self-portrait: Mom, Dad,
brother David, sister Carol, sister-in-
law Connie and I*
Regina, Saskatchewan, September 1979

« Autoportrait en collaboration :
maman, papa, mon frère David,
ma sœur Carol, ma belle-sœur Connie
et moi »
Regina (Saskatchewan), septembre 1979
14.7 x 43.2 cm

Co-operative self-portrait:
Dad's 65th Birthday
Regina, Saskatchewan, September 1979

«Autoportrait en collaboration :
65ᵉ anniversaire de papa»
Regina (Saskatchewan), septembre 1979
14.6 x 43.5 cm

Dad and Richard, my parent's home
Regina, Saskatchewan, April 1980

«Papa et Richard, à la maison de mes
parents»
Regina (Saskatchewan), avril 1980
14.3 x 43.2 cm

*Co-operative self-portrait:
Rowenna and I*
RR 6, Saskatoon, Saskatchewan, June 1979

«Autoportrait en collaboration :
Rowenna et moi»
R.R. n° 6, Saskatoon (Saskatchewan),
juin 1979
14.7 x 43.2 cm

Richard in his garden
RR 6, Saskatoon, Saskatchewan,
September 1979

«Richard dans son jardin»
R.R. n° 6, Saskatoon (Saskatchewan),
septembre 1979
15.8 x 47.9 cm

Rowenna and I
Souris, Manitoba, May 1981

«Rowenna et moi»
Souris (Manitoba), mai 1981
16.1 x 48.2 cm

Rowenna and Auntie Elsie
Vancouver, British Columbia,
November 1979

«Rowenna et tante Elsie»
Vancouver (Colombie-Britannique),
novembre 1979
15.9 x 44.8 cm

*Rowenna and Auntie Elsie at
Baba's grave*
Meadow Lake, Saskatchewan, July 1979

«Rowenna et tante Elsie à la tombe
de Baba»
Meadow Lake (Saskatchewan), juillet 1979
15.8 x 47.6 cm

*Co-operative self-portrait:
Mom, Dad and I*
Yuma, Arizona, February 1979

«Autoportrait en collaboration :
maman, papa et moi»
Yuma, Arizona, février 1979
3 gelatin silver prints/
épreuves argentiques
14.8 x 44.1 cm each/chacune

Co-operative self-portrait: Mom and I
Yuma, Arizona, February 1979

«Autoportrait en collaboration,
maman et moi»
Yuma, Arizona, février 1979
2 gelatin silver prints/
épreuves argentiques
19.0 x 23.8 cm each/chacune

Co-operative self-portrait: Dad and I
Yuma, Arizona, February 1979

«Autoportrait en collaboration :
papa et moi»
Yuma, Arizona, février 1979
3 gelatin silver prints/
épreuves argentiques
19.1 x 23.9 cm each/chacune

Ukrainians vote to go their own way
Daughter-father collaboration, 1990
From *Memory and Desire: Eleven Women of Culture*

« Les Ukrainiens votent en faveur de l'indépendance »
Collaboration fille-père, 1990
Extrait de « Mémoire et désir : Onze femmes et leur culture »

PMT, sheet of acrylic, laser transfer, wooden shelf, book, embroidered cloth/
montage photo-mécanique, feuille d'acrylique, copie laser, tablette de bois, livre, broderie

60.0 x 45.0 x 4.0 cm overall/hors tout

Mute/Voice
Saskatoon–Vancouver, 1976–1991

« Silences/Paroles »
Saskatoon–Vancouver, 1976–1991
77 gelatin silver prints laminated on acrylic, 27.9 x 35.3 cm each, videotape
77 épreuves argentiques plastifiées sur acrylique, 27,9 x 35,3 cm chacune, vidéogramme
171.6 x 459.0 cm overall/hors tout

Self-portrait with Baba's apron on, Rowenna's 4th birthday
Saskatoon, Saskatchewan, October 1978

« Autoportrait revêtue du tablier de Baba, lors du 4ᵉ anniversaire de Rowenna »
Saskatoon (Saskatchewan), octobre 1978
19.0 x 24.3 cm

Self-portrait at Grieg Lake, August 1979

« Autoportrait au lac Grieg, août 1979 »
2 gelatin silver prints/
épreuves argentiques
15.8 x 47.6 cm each/chacune

Seeing My Father See His Own Death
Yuma, Arizona, 1983

« Regarder mon père voir venir sa mort »
Yuma, Arizona, 1983
9 Cibachrome prints/épreuves
Cibachrome, 26.7 x 34.4 cm each/chacune
26.7 x 309.6 cm overall/hors tout
Collection: CMCP/MCPC

Baba's Garden
Hafford, Saskatchewan, 1985–1986

« Le jardin de Baba »
Hafford (Saskatchewan), 1985–1986
17 Cibachrome prints/épreuves
Cibachrome, 26.7 x 34.5 cm each/chacune
106.8 x 189.8 cm overall/hors tout
Collection: CMCP/MCPC

Self-portrait, Galiano Island
British Columbia, 1988

« Autoportrait à l'île Galiano »
(Colombie-Britannique), 1988
41 Cibachrome prints/épreuves
Cibachrome, 27.9 x 35.6 cm each/chacune
195.3 x 356.0 cm overall/hors tout
Collection: CMCP/MCPC

Old People, Animals and Indians

« Des vieux, des animaux et des Indiens »

1. *Old People, Animals and Indians*
Collaboration with Martin Semchuk and James Nicholas, Vancouver, British Columbia, 1994

« Des vieux, des animaux et des Indiens »

En collaboration avec Martin Semchuk et James Nicholas, Vancouver, 1994

Videotape, video monitors, stands, stools,
headsets/Vidéogrammes, moniteurs
vidéo, supports, tabourets, écouteurs
Overall dimensions variable/Dimensions
hors tout variables

2. *Death is a Natural Thing,
Sweetheart*
Collaboration with Martin Semchuk,
Cochin, Saskatchewan–Vancouver,
British Columbia, 1994

« Ma chérie, c'est naturel de mourir »
En collaboration avec Martin Semchuk,
Cochin (Saskatchewan)–Vancouver
(Colombie-Britannique), 1994
16 gelatin silver prints laminated on
acrylic, 39.0 x 49.0 cm each, 3 text
panels on canvas, 39.0 x 49.0 cm each
16 épreuves argentiques plastifiées
sur acrylique, 39,0 x 49,0 cm chacune,
3 bannières de toile avec textes,
39,0 x 49,0 cm chacune
210.0 x 382.5 cm overall/hors tout

3. *In Death's Embrace*
Collaboration with Martin Semchuk,
Katmai, Alaska–Vancouver, British
Columbia, 1994

« L'étreinte de la mort »
En collaboration avec Martin Semchuk,
Katmai (Alaska)–Vancouver (Colombie-
Britannique), 1994
3 silkscreened prints on copper, text panel
on canvas, 215.0 x 91.2 cm each
3 épreuves sérigraphiées sur cuivre,
bannière de toile avec texte,
215,0 x 91,2 cm chacune
215.0 x 510.0 cm overall/hors tout

4. *Taking Off Skins*
Collaboration with James Nicholas, Prince
Rupert–Vancouver, British Columbia, 1994

« Changer de peau »
En collaboration avec James Nicholas,
Prince Rupert–Vancouver (Colombie-
Britannique), 1994
36 gelatin silver prints laminated on
acrylic, 26.0 x 34.0 cm each, text panel
on canvas, 215.0 x 91.2 cm
36 épreuves argentiques plastifiées
sur acrylique, 26,0 x 34,0 cm chacune,
bannière de toile avec texte,
215,0 x 91,2 cm
215.0 x 495.0 cm overall/hors tout

This catalogue was produced to accompany the exhibition *Sandra Semchuk: how far back is home . . .*, organized and circulated by the Canadian Museum of Contemporary Photography. The exhibition was launched at CMCP, 1 Rideau Canal, Ottawa, from March 9 to June 11, 1995

All rights reserved
The use of any part of this publication reproduced, transmitted in any form or by any means, electronic, mechanical, photocopying, recording, or otherwise, or stored in a retrieval system, without the prior consent of the publisher is an infringement of copyright law. Chapter C-42, R.S.C., 1988.

Canadian Cataloguing in Publication Data
Dessureault, Pierre.
Sandra Semchuk: how far back is home —:
combien long jusqu'à chez nous—.
0-88884-570-7

Text in French and English.
Exhibition catalogue.
1. Semchuk, Sandra—Exhibitions.
2. Photography, Artistic—Exhibitions.
I. Canadian Museum of Contemporary Photography. II. Title. III. Title: how far back is home —
IV. Title: combien long jusqu'à chez nous—
TR647 S46 1995   779'.092 CIP 95-986002-9E

Production: Maureen McEvoy
Production assistance:
Lana Crossman, Sue Lagasi
Editing of French text:
Françoise Charron, Le mot juste
Translation: Susan Rodocanachi, Editext
Editing of English text: Maureen McEvoy
Design: Timmings & Debay, Hull
Photography: Denis Farley, Robert Keziere
and Lux Photographic Services
Film and Printing: Dollco Printing, Ottawa

Cover: Detail from *Self-portrait, Galiano Island, British Columbia, 1988*

Printed in Canada
Available from:
Canadian Museum of Contemporary Photography
1 Rideau Canal, P.O. Box 465, Station A
Ottawa, Ontario K1N 9N6
Telephone: (613) 993-6245
FAX: (613) 990-6542

The Canadian Museum of Contemporary Photography is an affiliate of the National Gallery of Canada.

Ce catalogue a été réalisé pour accompagner l'exposition *Sandra Semchuk : combien long jusqu'à chez nous . . .*, organisée et diffusée par le Musée canadien de la photographie contemporaine. L'exposition a été lancée au MCPC au 1, Canal Rideau, Ottawa du 9 mars au 11 juin 1995.

Tous droits réservés
La reproduction d'un extrait de ce livre, par quelque procédé que ce soit, tant électronique que mécanique, en particulier par photocopie, bande magnétique, disque ou autre, sans le consentement de l'éditeur constitue une contrefaçon passible des peines prévues par la Loi sur le droit d'auteur, chapitre C-42, S.R.C., 1988.

Données de catalogage avant publication (Canada)
Dessureault, Pierre.
Sandra Semchuk : how far back is home —:
combien long jusqu'à chez nous—.
0-88884-570-7

Texte en français et en anglais.
Catalogue d'une exposition.
1. Semchuk, Sandra—Expositions.
2. Photographie artistique—Expositions.
I. Musée canadien de la photographie contemporaine. II. Titre. III. Titre : how far back is home —
IV. Titre : combien long jusqu'à chez nous—
TR647 S46 1995   779'.092 CIP 95-986002-9F

Production : Maureen McEvoy
Assistance à la production :
Lana Crossman, Sue Lagasi
Révision du texte français :
Françoise Charron, Le mot juste
Traduction : Susan Rodocanachi, Editext
Révision du texte anglais : Maureen McEvoy
Conception graphique : Timmings & Debay, Hull
Photographie : Denis Farley, Robert Keziere
et Lux Photographic Services
Sélection des couleurs et impression :
Dollco Printing, Ottawa

Couverture : Extrait de *Autoportrait à l'île Galiano (Colombie-Britannique), 1988*

Imprimé au Canada
Disponible au :
Musée canadien de la photographie contemporaine
1, Canal Rideau, C.P. 465, Succursale A
Ottawa (Ontario) K1N 9N6
Téléphone : (613) 993-6245
Télécopieur : (613) 990-6542

Le Musée canadien de la photographie contemporaine est affilié au Musée des beaux-arts du Canada.